書画 教育十七条の憲法

「ただ生きる」から「善く生きる」へ

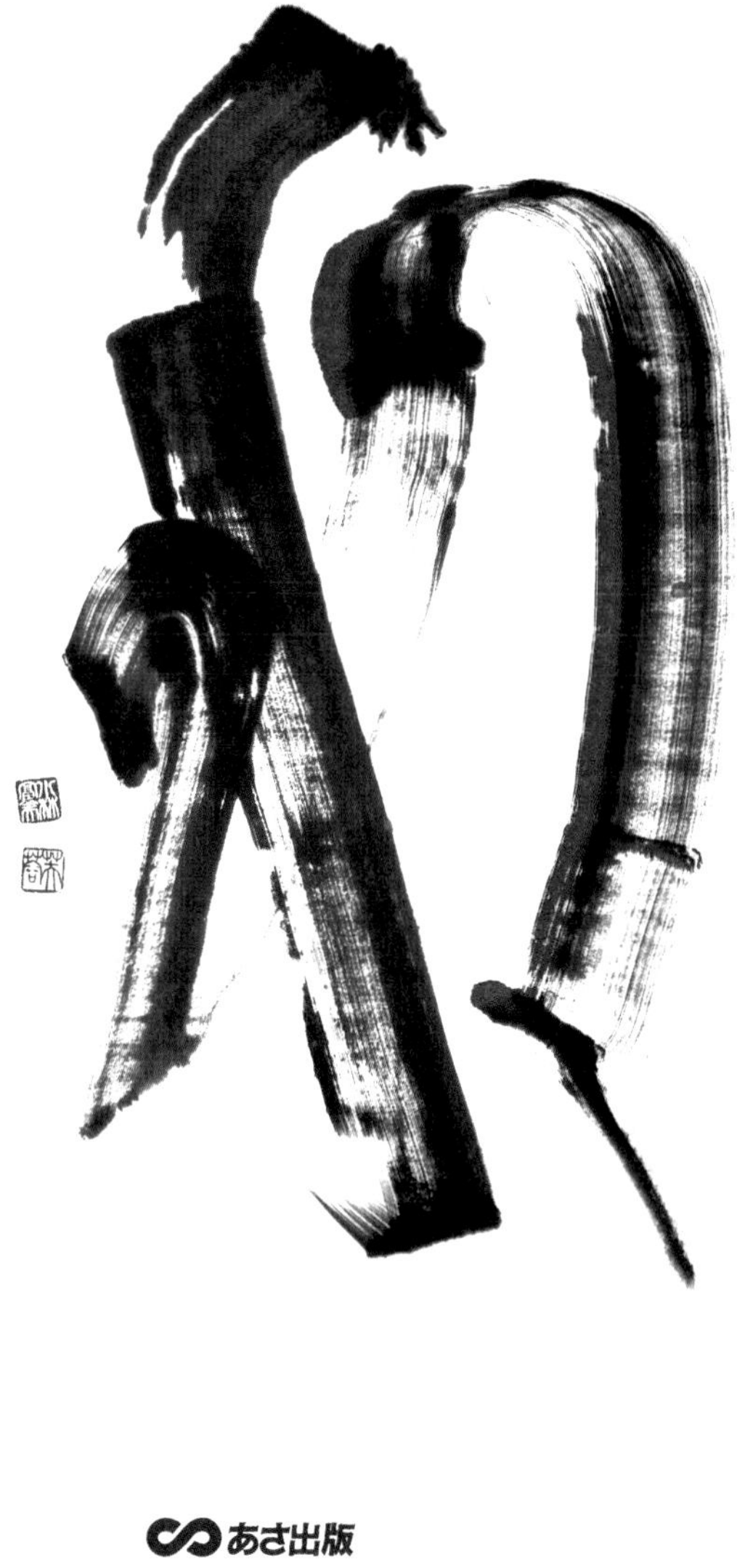

元文部科学大臣
下村博文

×

書画家
小林芙蓉

あさ出版

はじめに

――私たちは、どう生きていくのか――

日本を取り巻く外部環境は、日々その不確実性を増しています。数十年、数百年に一度といわれる異常気象や災害の発生、地政学的な混乱、世界的な気候変動の影響……。さまざまな国難があるなかで、日本が目指すべきものは、軍事大国、経済大国ではなく、精神大国であり文化大国であると私は考えています。

これまでの日本の二七〇〇年の歴史のなかで、私たちは数多くの国難に遭い、そのたびにそれを乗り越えてきました。その背景には、私たち日本人の精神に根づいた心の強さ、言い換えれば「心柱《しんばしら》」があったと思っています。その心柱は、かつて教育という言葉すらないころから、お天道様を己の内なる神様・良心としてとらえてきた代々の私たちの心に、連綿と、当たり前のように伝わってきた日本の文化であり魂です。

日本の長い歴史のなかで最も「心柱」を磨き上げ、現代に伝えて表現しているものは、日本の芸術であり、文化です。


しかし私は、その心柱が、現在は失われつつあるとも感じています。

これは誰が悪いというわけではなく、日本に生きる私たち全員の責任です。精神的な依存、あるいは自立心の欠如、従属的な心が蔓延すれば、国難に立ち向かえないかもしれない。困難に屈して、立ち直れないかもしれない。そのことを大いなる存在が憂い、怒り、しっかりしろと喝を入れ、頑張れと励ましてくれているように感じています。

人にはそれぞれ「天命」があります。私たちは、この厳しい時代のなかで、本来もっている天命・使命を一〇〇％果たせているのでしょうか。

私自身は、これからの日本で皆が自立し、心柱を立ててしっかりと自分の人生を生きていくために必要なもの・ことを、「教育」によって伝えていくことこそ天命であると考えています。それができているかどうか、自問自答を繰り返す日々です。

大切なのは、他人《ひと》から見てどうとか、他人《ひと》と比べて優れている・劣っているという他者基準ではなく、自分自身が自分のやるべきことを見つけ、ひたむきに人生を生ききるという「自分基準」です。他者に左右されない自分基準を見出し、自立し、己の天命を一〇〇％果たすこと。そうすることで、天は私たちを助けてくれるようになるでしょう。

同時に、私たち一人ひとりがもっている能力を引き出しながら、明るく元気に、たくましく、幸せに生きていくことで、多くの人を励まし、救うことができるようになるのです。

自分の人生を生ききること、そして自分の役割を果たしきること。

それを実行されているのが小林芙蓉さんだと思います。その生き方にたくさんの人が共鳴し、共感しているからこそ、多くの人が小林さんに惹かれ、その心の教えを乞いたいと集まっているのでしょう。

私自身の天命は、政治家として、日本の精神的な立て直しを実現することです。すべての生きている私たち国民が、この時代に困難があっても、それぞれの立場で能力を発揮し、自らの役割を果たすことによって命の力を最大限に引き出し、「生きていてよかったな」「生きてきてよかったな」と感じられるような、心の蘇《よみがえ》り、立て直しをはかっていきたいと考えています。

「啓育」が生きる力を育て、自分と他者を幸せにする

人はなんのために生きるか。天命と呼ばれるそれをより早く知ることで、自分の「人生の目的」が見えてきます。その人生の目的は、一人ひとり顔が違うように、すべて異なるでしょう。そして、それは他者から与えられるものではなく、各々が自分自身の内から見出すものなのです。

人生の目的を見出すための縁《よすが》として著したのが、本書です。世のため人のため誠を以って生き、魂を磨き、豊かで幸せな人生を送るために、生まれてきた自分の役目を自覚する道標として「教育憲法十七条」を使っていただきたいと思います。

聖徳太子の「十七条憲法」は、役人の心得でした。この「教育憲法十七条」とは、どのように人生を生きていくべきかの指針です。人生の目標を知り、魂を高めるための、新たな十七条であると考えています。

中国の有名な思想家である孔子が「朝《あした》に道を聞かば、夕《ゆうべ》に死すとも可なり」という言葉を残しています。これは、朝に己の生きるべき道を悟ることができたならば、夕方に死んだとしても悔いはない、という意味です。

ただ漠然と生きているだけでは、人は真に幸せであるとはいえません。

自分の本当にやりたいこととは、自分の使命とはなにか。孔子は、ただ漫然と長生きをするだけよりも、こうした「己の本当の道、天命」を悟ることのほうがはるかに価値があるのだと説いています。

「教育」という言葉のもととなった英語「education」は、「引き出す」という意味のラテン語を語源としています。つまり、「education」によって、その人がもともともっている才能だけではなく、やる気や意欲を引き出し、心柱を立てることで、その人が自分らしい人生を生き、己の天命を全うすることができるようになるということです。自らの天命に気づき、自らの人生に覚醒して生き生きとした命の輝きを引き出せるようになることこそが、真の「教育」であるといえるでしょう。

私はこうした考え方を「啓育」と呼んでおり、教育の本来の在り方として提唱しています。

人が人として自立し、自分自身の人生を生きるために、教育とはどうあるべきか、人が生きるとはどうあるべきか、それらを本書で広く伝えていきたいと思います。国境を越え、民族を越え、さらには時代を貫いて共感してもらい、親自身の気づきと、子どもに伝えられるような「何か」を読んでくださった方々に感じてもらえたら、これ以上の喜びはありません。

令和五年八月

下村博文

(9ページ)「日月」

日と月は陰陽の関係にあり、陰陽は世界のことわりです。陰と陽はどちらにも傾かず、お互いがバランスすることで、世界の調和は完成します。

(2022年11月　下鴨神社／博文・芙蓉)

【九つの徳目】

第一条　主体的に生きる

「教育憲法十七条」、その第一条から第六条までは、私たちが生きていくうえでの指針である。

動物は生まれたときから動物であるが、人は生まれたときにはまだ人間にはなっていない。保護を受け、教育を受けることによって人たりうる。教育の原点は、親からの教えと育みである。そして、社会がその人を人間たらしめるために、その時代に合わせた教育をしていく。

そのために、どうしても、人生のスタートは受け身になってしまう。社会で適応していくために必要な能力を教育によって受けることに精一杯になってしまい、主体的に生きることは二の次になってしまう。だからこそ、年齢に関係なく、自分自身「受け身の教育」を受けつつ、主体的に生きるということを人生のテーマとして常に意識しなければ、道を啓《ひら》くことはできない。

主体的に生きるとは、すべての物事を自分自身のこととして捉え、興味と関心をもちながら自ら能動的に考えるということである。——博文

あなたはあなたの人生を生きましょう。
あなたがこの世に生まれてきたのは、偶然ではありません。
なんとなく生まれてくる人はひとりもいません。
あなたは過去から連綿と続く大きな流れのひとつの水滴、一個の点です。
一つひとつの点や水滴は小さなものですが、
海や雨をよく見ると、水滴一粒一粒が集まったものです。
私たちの世界も同じようにできています。

いまあなたは、人に決められた人生を生きていませんか？

一粒の小ささに安住しないでください。
一粒を粗末に扱わないでください。
一粒でもあなたは確かに「いま、ここ」にいます。

あなたが握っているその魂は、大切な大切な命の一粒種です。
あなたはあなたを尊重し、あなた自身の命を輝かせましょう。
そして、人から言われた人生ではなく、
自分の納得できる人生を生きましょう。

自分で納得して決めた人生を歩む人だけが、

「心柱」を立てることができます。
自分の人生に責任をもつということ。
これが「主体的に生きる」ということです。
――芙蓉

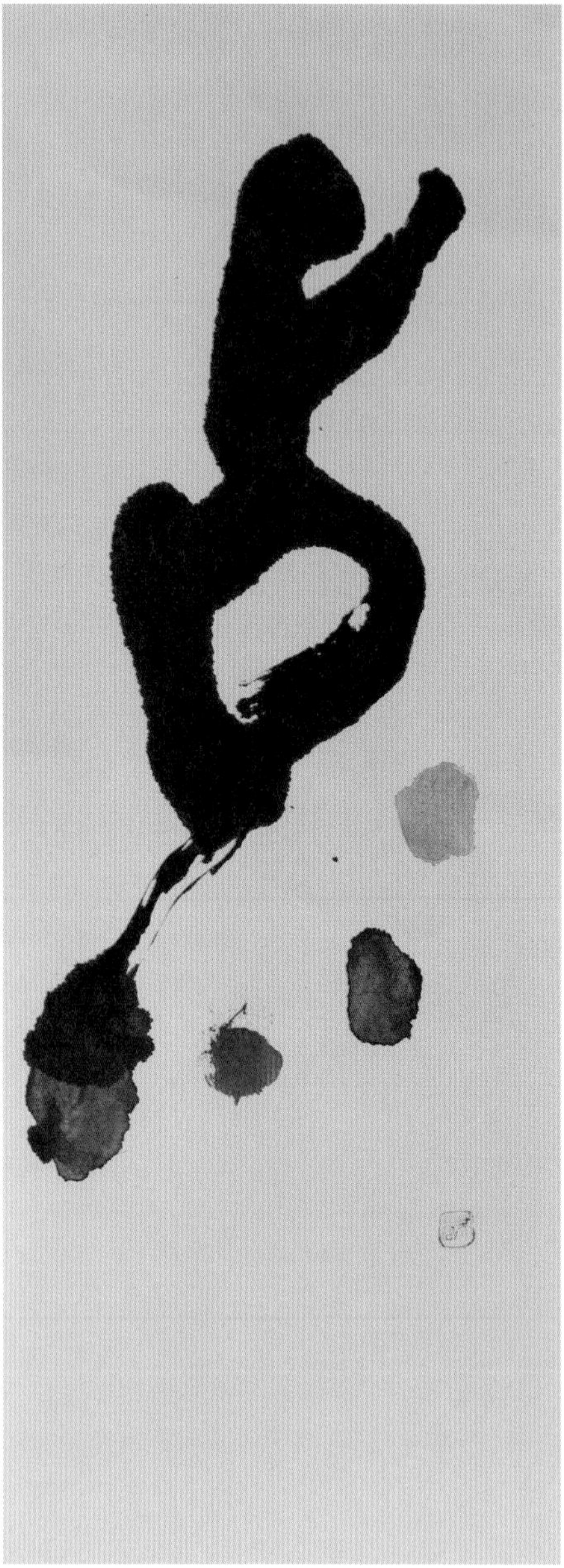

（20ページ）「点」

「色」は、単色の無数の点から形づくられます。すべてはひとつの点から始まるのです。その点はやがて線になり、面になり、世界をつくります。（芙蓉）

（21ページ）「天」

使命は、「天から授かった手紙」のようなものです。人生の目標を定めたとき、それを開封するときが来るのです。そしてそれを開くことができるのは、自らの人生を人に預けることなく歩んできた人だけです。（博文）

第二条

目標とともに生きる

主体的に生きるといっても、闇雲に何にでも興味と関心をもとうというわけではない。自分にとって最も関心があり、やりたいことはなんなのかということに焦点をおけば、それが「目標を定める」ということになる。

もちろん目標は、最初から定まっているわけではない。人生の目標は、スタート時点では見えてこない。しかし大切なのは、自分の目標は何かということをいつも見つめながら生きていくことである。そこに焦点を置くことで、自分のやりたいことを見出し、自分が生まれてきた意味を、生きていく意味を見出せるようになる。——博文

「人生の目標」、別名を「天命」といいます。
人は天命を果たすために生まれてきました。
天命にしたがって生きるには、まず公意識をもって行動すること。

人のために行動することで、
あなただけの幸せ、奉仕のかたちが見えてきます。

あなたはいつのまにか己の一生の仕事を見つけ、
自分の生まれた意味を知ります。
それを人は天命、または天職とよびます。

すべての魂は、真理に向かって、
さまざまな山を、
さまざまな方法で登っています。
そのペースや登り方は人それぞれで、
ほんの小さなころに天命を見つける子どももいれば、
ご自身が親の世代になってから気づき始める人もいます。

そこには優劣はありません。
見守ってきた弟子たちが、苦しみのなかにも喜びを見出し、
自分の行動を振り返ることで魂の成長を果たしたとき、
私は何ものにも代えがたい喜びを感じます。

人は人を幸せにすることで、自分も魂の喜びを感じます。
人は人のために生きたいのです。――芙蓉

意志あるところ
必ず道あり

衆議院議員
下村博文

「開」

（28ページ）

まずは心を開き、一歩踏み出してみましょう。行動が先です。案ずるより産むが易し。歩み出した先にある世界を楽しみましょう。（芙蓉）

「意志あるところ必ず道あり」

（29ページ）

自分の道を見つけるには、まずは歩こうと心に決めて、実際に歩きはじめることです。歩く方向が天から許されているのであれば、自然と道は啓けるでしょう。（博文）

第三条

協力して生きる

人は独りでは生きられない。皆と助け合いながら、協力しながら生きている。
自分という存在が他者のために、社会のためになにができるか、積極的に
協力意識をもつことが、幸せな人生を拓いていくことにもつながる。 ――博文

「調和」とは、陰陽のバランスが整った真んなか、
中庸の状態をさします。
心柱が立っている人は、自分自身との調和がはかれている人です。
調和は、世界平和を実現するための、最も大切なキーワードのひとつです。

世界平和というと、遠い夢物語のように聞こえますか？
そんなことはありません。
やろうとすれば今すぐにでも実現可能です。
なぜなら、世界平和という大海は、
あなたという一粒の水滴からつくられる世界だからです。

たとえ迂遠で壮大な絵空ごとと思われようとも、
あなたが「そう」だと決めれば、いずれ必ず「そう」なります。

どんなに小さな単位でも「調和」を意識して行動を始めてみましょう。
家庭のなかの調和、夫婦の調和、親子の調和、友達との調和、
近所との調和、職場との調和……。

トライできる場所はいくらでもあります。
調和は、お互いの協力があってこそ実現します。

協力しようと思ったら、まず相手を尊重することから始めましょう。
協力とは、お互いの弱さを補い合い、高め合うということ。

人にはいろいろなタイプがあります。
それぞれ欠点もあります。
しかし、足りないところを補い合うという意識で協力し合えば、
1＋1の足し算ではなく、2の何乗もの力になり、
どんな大きなことも実現可能です。

もし他人ができなくて自分ができることであれば、
自分がやればいい。
お互いさまです。——芙蓉

(36ページ) 「紅梅白梅」

地上では紅梅と白梅が咲き、空には太陽と月がかかっています。姿形は似ていますが異なるもの。それでいて近しい存在でもある互いは、反転し合いながら、ひとつの世界を形づくっているのです。(芙蓉)

(37ページ) 「人」

人は、誰かに依存せず、自立して生きることができてはじめて、誰かの役に立つことができるようになります。そして誰かに助けてもらうことではじめて、自分の力以上のより大きなことが成せるのです。(博文)

第四条　多様な人々と生きる

自分の好き嫌いや感覚で他者との協力をする・しないということではなく、老若男女を問わず、すべての人がこの世のなかに生きていて、すべての人と共に生きているということを意識することが、自己の向上につながる。

障がいがある人、あるいは肌の色が違う人、考え方の異なる人……世のなかは多様性にあふれている。そして誰もが、幸せになりたいと思って、いろいろな壁を乗り越えて生きようとしている。

あらゆる人と、違いを認めながらも活かし合う生き方を求めることが、その人の人生を豊かにしていく。——博文

「幸せ」の基準を、お金や容姿などにおき、物質的な満足に由来するものだと考える人がたくさんいます。

中学生や小学生の女の子が、自分の容姿に自信をもてなくて、整形しようか悩むという話もよく聞かれるようになりました。

しかし、それらを「幸せ」と思ってしまうと、そこから終わりのない苦しみの道に入ってしまいます。

なぜなら、お金や物、形などの物質的な満足を追い求めると、「もっと」の心が肥大化し、いつまでも満足できないばかりか、最後は必ず奪い合いになってしまうからです。

本当の幸せは、人の役に立ち、喜ばれること。与えること。
人のために何かすることで、
なによりも自分がうれしくなります。

どんなに小さなことでも、そのうれしさはあなた自身の魂の喜びです。
与えれば与えるだけ、自分も相手も幸せになる。
それは他人から奪われるものではありません。
だから最後まで奪われない。いつも幸せです。

それどころか、この「幸せ」は、自分のなかから生まれてくるうえに、
与えることでもっと幸せになっていくので、無限に増えつづけます。
仏教では「お先にどうぞ」という意味をあらわす

「自未得度先度他《じみとくどせんどた》」という言葉があります。

相手も自分も「お先にどうぞ」。
みんなが譲り合えば、調和が生まれ、幸せが無限に増えていき、
気づけばあなたの周囲の世界は平和で満たされています。
どうですか、世界平和もむずかしいことではないでしょう？

これは、人が人であるがゆえに実現できる「幸せ」です。――芙蓉

「和」

人が大きな丸い輪をつくっているように見えます。大きな輪（和）は、「大和（だいわ）」。ふんわりと人を包み込む、優しい輪であり、和です。

（2021年11月　橘寺／芙蓉）

第五条

感謝して生きる

自分に命があることは、偶然ではない。すべては自然の摂理のなかにある。いま自分がこの世に存在しているのは、両親がいるからである。その両親には、それぞれ両親がいる。

そして、その先には、さらにそれぞれ両親が存在している。世代を三十代遡れば、その数は一億人を超える。

いま生きている自分は、長い歴史のなかでの、あらゆる遺伝子の組み合わせの結果の存在である。しかしこの世のなかで、自分という人間は自分だけである。数え切れないほどの遺伝子の組み合わせのなかで、自分が存在している。唯一無二の絶対的な存在である自分がいま生きているという奇跡に感謝するとき、生かされていることの喜びが湧く。——博文

他人のために動き、感謝されるのは魂の喜びですが、
感謝されるために何ごとかを行なうのは本末転倒です。

人は死ぬと光に還っていきますが、
そのときはお金も地位ももっていくことができません。
唯一、生前積み重ねた「徳」のみを、魂を磨かせたものとして、
魂の輝きとしてもっていくことができます。
そんな徳のなかでも最も魂を磨くのが、「陰徳」です。

逆に、人に感謝されたくて行なうことや、

あえて人に見えるように示す振る舞いは「我《が》」です。

「我」とは、「我《われ》が、我が」という、自分本位の考え方です。

物質的な満足を追求して幸せを奪い合うのも、それが自分の外側にあるものであり、人を押しのけて奪わないとなくなるものだからです。


しかしそのようにして得た幸せは、他人を不幸にして得られた幸せです。

こうした「我《が》」が度を超すと「カルマ（業《ごう》）」となり、次の人生でのあなたの課題となって、今度は「与える」あるいは「奪われる」ことでしか解消できなくなります。

そうして人は輪廻転生《りんねてんしょう》を繰り返し、「徳」と「カルマ」を、次の人生で増やしたり減らしたりしながら、魂を磨いていくのです。

「カルマ」はとても強力です。
あなたにもひとつくらいは、「何度言われても直せない悪癖」があるでしょう。
あるいはご家族の許せない「癖」や「考え方」もあるかもしれません。
それがまさにカルマだと思ってください。
では、カルマを軽くする方法は何か。それが「感謝」です。

私は、親の代からの筋金入りのお人よしといわれています。
何度も騙されてきましたが、自分で決めたことなので、それでよいと思っています。
しかしどうしても、裏切られたり、自身や相手のカルマに負けたりして、
心が折れることがあります。
そういうときは、その人の過去の行動を思い出して、感謝で乗り越えています。
感謝には、それだけの力があるのです。

生きているだけで儲《もう》けもの、という言葉があります。そのとおりです。
なんとありがたいことではありませんか。
「許す」というのは、人に与えられた最も尊い心のひとつです。
許すとは、相手に負けるということではなく、
縛られるということでもなく、自分の心を解放すること。
いいところを思い出して感謝しようとしても、
頭で考えるだけでは、本当のところは許せていません。

心から感謝していれば、許すことができます。
そして許すことができれば、自分も解放されます。
なにから解放されるのか。
それはもちろん憎しみや苦しみといった負の感情からですが、

さらにその根底にあるカルマそのものから解放されるのです。
カルマから解放されて清々としたあなたは、
それがいかに重いものであったのかを知るでしょう。
それと同時に、それがいかに背負う必要のないよけいな荷物であったのか、
阿呆らしくなるくらいに実感することになるでしょう。

逆にカルマを解消せずに未来への種をまいても、
刈り取られるのは過去のあなた自身です。
カルマを知り、カルマを自覚し、
すべてのことは自分が起点となっていると気づけば、カルマはなくなります。
そのときはじめて、あなたは未来に進むことができます。――芙蓉

「心」（54ページ）

人が生きる上で最も大切なのは、「心」です。どんなに賢くても、お金持ちでも、真心がなければ人としての幸せはありません。人の真ん中のところにあるから、「真心」なのです。（芙蓉）

「神」（55ページ）

日本は太陽神である天照大御神を中心として、八百万の神々が信仰されてきました。太陽は生命の源なのです。（博文）

第六条

誇りにして生きる

いま自分という存在があること自体が誇りである。他者と比べる必要はなく、意味もない。人は他者との比較のなかで存在しているのではなく、唯一無二、絶対的な存在として生きている。そのこと自体が素晴らしいことであり、それが自分であるということを誇りに思うことが大切である。

人は皆「大いなるもの《サムシング・グレート》の子」であり「大いなるものの光」である。大いなるものとは、大自然の摂理の大元の元である「宇宙エネルギーの根本」といっていい。遺伝子は、永遠とすら思われるこれまでの積み重ねと継続によって生まれてきたが、そもそもの遺伝子の大元を神と表現することもできる。「元はひとつ」から発生しているこのエネルギーを「神」と表現すれば、森羅万象すべての派生と現れが神の子といえる。

自分もそのなかのひとりであるがゆえに、自分も神の子であるという自覚

をもつことが誇りにもつながる。――博文

愛されて育った子は、自己肯定感が高いといわれています。
自分が愛を与えることで、人に誇りをもたせることができます。
私の弟子のなかに、親の愛情を感じにくい環境で育った女性がいました。
その女性に対しては、どんなことがあっても「ギブ・ギブ」でいこうと決めました。
その女性は結婚し、子どもも生まれ、周囲からは幸せいっぱいに見えました。
しかし、どこかで無理を続けていたのでしょう、あるとき、鬱《うつ》を発症してしまったのです。
完璧主義で頑張り屋なだけに、
えてして周囲はそういう人に対して、より期待をかけがちです。
その女性は、周りから「頑張れ」「頑張れ」と言われて押しつぶされそうでした。
何を頑張ればいいのか。どう頑張ればいいのか。
私は、こう言いました。

「なに言ってるの。あなたはいま子どもを育てているでしょ。
いまあなたがやるべきことは、芙蓉会のために頑張ることではなく、
子どもを育てること。それで、世のなかの役に立っている。
十分頑張っているから、もう頑張らなくていいよ」
芙蓉会というのは、私のお弟子さんたちの会です。

私の言葉を聞いた瞬間に、その女性は号泣しました。
「あなたは元気で生きていてくれるだけでいい」と見守りを伝え、都度おみやげを渡したりして、気にかけつづけました。

その後、その女性は回復し、
現在も私の活動をサポートしようと精力的に働いてくれています。
そしてあるとき、ふと別の弟子にもらしたそうです。
「あのとき、そのまま会をやめていたら自殺していたかもしれない」と。

人間は生きていることが当たり前と思われがちですが、
事故や病気などで命を落とす可能性はいくらでもあります。
生きているだけで、すごい奇跡だと考えましょう。

かなり昔のことですが、その女性から涙交じりに叫ばれたことがあります。
「本当に私を愛してくれるのか！」と。
私はもちろん「愛する！」と答えました。

誇りは、現代ではあまり重視されません。
しかし自分の人生を生きるために、
自分を信じてあげるために、誇りは必要です。

それは自分自身に対する愛、そして信頼だからです。——芙蓉

「日月」

流水堂の竹林に佇む真っ赤な「日月」。
日月は、父性であり、母性であり、生命の陰と陽の渦巻きでもあります。(芙蓉)

ここまで、私たちが生きていくうえで大切な「六つの指針」について述べてきた。この「六つの生きる指針」に従い、さらに具体的な「九つの徳目」を示す。この六つの生き方を徹底するための「学び」の指標である。

「学び」とは、教えられるものではなく、自らの内部にある意欲、やる気、そして、この世に生まれてきた自分自身の魂の目的を引き出すということであり、「真我」につながる。

真我とは、宇宙の根本エネルギーである。そして、宇宙の根本は「大いなるもの」であると捉えたとき、人はそのエネルギーにつながる。

「悟り」とは、真我を知ることである。宇宙の根本エネルギーとつながり、宇宙と一体となることが悟りである。宇宙と一体となるということは、大いなるものに近づくことであり、そうすれば自分の可能性が最大限に引き出され、智恵やエネルギー、無限の可能性が内側からどんどん湧き出てくる。

この「悟り」を求めて、あらゆる宗教がある。しかし本来、「真我（悟り）」は「教育」によって得られるものである。教育の本当の目的は、世のなかに自ら貢献するために、宇宙と一体となり、直感力を磨き、人間の可能性を最大限に引き出すことである。そのために自分を高めていくのが悟りの道であり、真我の道であり、真に幸福になるための道である。

以降に示す九つの徳目に沿って生きることが、より善い人生の価値を見出す目安となる。　――博文

第七条

真我をひらく「真・善・美」

人間はギリシャの時代から、超自然のものを崇めていた。その表れとして、「真・善・美」そのものが「超自然のものの具現化した現象」であるとギリシャ人は捉えた。

この「真・善・美」を意識することが、超自然のものに近づくことである。より真に、より善く、より美しく生きる。美しさとは、所作振る舞いであり、清らかな生き方である。

より「真」に生きるとは、本当の自分とはなにかを見出すことである。この本当の自分とは「真我」である。ソクラテスが述べた「汝自身を知れ」とは、まさにこのことを言っている。

それは「啓育」によって見出すことであり、「悟り」ともいう。

「善」とはなにか。より善く生きるとはなにか。それは大自然の摂理に則って生きるということである。もともと人は、唯一の存在。誰もが釈迦の言う「天上天下唯我独尊《てんじょうてんがゆいがどくそん》」である。そうであるゆえに「我《が》」が生ずる。この「我」を滅するための努力をするということが、より善く生きるということである。

「美」とはなにか。ギリシャ時代は美しいものを善《よ》しとした。この美しさとは、見た目の美しさだけをいうのではない。それぞれの命を生ききった結果としての美しさである。バラは、美しくなろうとして開花しているわけではない。あらゆる草花も、美しくなろうとして、人の目を惹こうとして咲き誇っているわけではない。それぞれの存在を生ききることに徹しているからこそ、そこに人間は美しさを感じる。他人《ひと》のためでなく、限られた生のなかで、その生を全うすることが美しい。

生きとし生けるものは美しい。自然の山川草木《さんせんそうもく》も、山野をかけめぐる動物も美しい。感性を磨けば美しいものがわかる。生き方のなかに「真・善・美」を見出すことができること、それ自体がなによりもすばらしい感性の証である。

――博文

以前、韓国でミスコリアの審査員を務めたことがあります。ミスコリアにおいては、順位の呼び名が「真・善・美」となっていました。美しさの基準に真善美を取り入れるとは素敵な考え方だと感心したものです。

真善美については、人間の理想の価値観といわれていますが、私は次のように考えています。

「真」→自分を知る。

反省懺悔、内観することで自分の内側を深く見つめ、真の自分と出会える。
「善」→自分の都合ではなく、大自然の摂理に則って生きる。
我を捨てることで、善く生きられる。
「美」→心の美しさ。
美しさとは外見ではなく、魂がどれだけ磨かれているか、である。

外見の飾りや自分をおおう「我」の殻を取り除くことで、
本当の自分がもつシンプルで力強い生命の美しさ、
魂からの輝きが内側から光り出してきます。
多くの人は、大事なものを所有しよう、より多くもとうとします。
しかし最も価値のあるものは、
あなた自身のぴかぴか光る魂の輝き、それだけなのです。――芙蓉

金剛心

（72ページ）「金剛心」

金剛心とは、信仰に対する金剛石のような強固な意志を指します。金剛石とは、ダイヤモンドのこと。その強さの理由は、硬度だけではなく、透明に澄みわたった純粋さにもあるのかもしれません。

（2022年10月　比叡山延暦寺 根本中堂／芙蓉）

（73ページ）「花」

花々はただ美しく咲くだけです。そこにはいっさいの欲はありません。あるのは、ただひたすらに美しく咲こうとする命の輝きです。（博文）

第八条 「仁・義・礼・智・信」を尊ぶ

古来、人は、より善く生きるための支えとして「仁・義・礼・智・信」の価値を大切にし、「人生の指針」にしてきた。

「仁」とは、誠を以って慈しむ心である。

「義」とは、筋を通して生きる、人との関係である。

「礼」とは、人と人との間で、より相手を敬う所作・振る舞いである。

「智」とは、生きていくうえでの智恵である。

「信」とは、人を信頼し、世のなかを信頼し、そして、人や大自然に信頼される自分である。 ――博文

「仁」

「仁・義・礼・智・信」、これら儒教で説く五つの徳目は、古来重視されてきた、人として大切にしたい理念です。

「仁」は、慈悲・慈愛を意味しています。

『水のように生きる』でも述べましたが、神道は「礼」、キリスト教は「愛」、仏教は「慈悲」の教えを伝えています。

弘法大師空海の残した言葉で大変有名なもののひとつに、

「虚空《こくう》尽き、衆生《しゅじょう》尽き、涅槃《ねはん》尽きなば、我が願いも尽きん」というものがあります。

この世の生きとし生けるものすべてが救われるまで、自分の願いがかなうことはない――。

なんと強い、あたたかな言葉でしょうか。

最後のひとりまで見捨てずに、ずっと寄り添いつづける慈悲の心、これが仏教の菩薩行《ぼさつぎょう》です。

慈悲は、特に目下の人や子どもに対して決して忘れてはならない心です。


たとえ厳しく叱るときでも、それは慈悲の心から。

怒りから叱るのと、愛から叱るのでは、出てくる言葉が全く違ったものになります。

そして、子どもの心に与える影響に天地の差が生じます。

怒りを秘めて叱る本人が、たとえ「これは愛からだ、この子のためを思って叱るのだ」と思い込もうとしても、子どもはその嘘に必ず気づきます。

嘘は長い期間をかけて子どもをゆがませ、やがてカルマとなるでしょう。

「義」

「正義」は、むずかしい言葉です。

戦争はたいていの場合、二つ以上の「正義」がぶつかって起こるものだからです。

「正義」を行使している間は、本人は「正しいことをしている」と思っているので、そこにひそむ暴力性を正当なものだと思い込んでしまいがちです。

そんなときは、正義ともうひとつ、「良心」を判断基準に加えてみてください。

あなたの行動で一方的に傷つく人はいないか。それが人倫にもとるものではないか。

たとえ世間ではよいこと、正しいこととされていても、誰かの犠牲のうえに成り立つものではないのか。

外と比べず、内なる自分にまっすぐ聞いてみましょう。

おのずと答えが見えてくるはずです。

「良心」は自分のなかに隠された、小さな、けれどもあなたという人間の根っこにある大切な部分の心の発露です。内なる自分とは、もうひとりの神様でもあるのです。

「礼」

仏教が慈愛・慈悲を体現しているとすれば、神道は「礼」と「誠」の心をあらわします。
礼は、私が最も重視するもののひとつです。

「御礼」という言葉がありますが、どういうときに使いますか。
それは「ありがとう」という感謝の気持ちがあるからですね。
神様への祈りは、本来は願いごとというよりは、感謝の祈りから始まっています。

春を迎えさせてもらってありがとうございます。
田んぼを植えられてありがとうございます。
収穫させていただきありがとうございます。

命をいただきありがとうございます……。
祭りはすべて、与えていただいた恵みに対する感謝から始まっています。
なぜならそれは古事記の時代からの、神様と私たちの約束ごとだからです。
礼を惜しんではいけません。
礼を失することは感謝をしていないということと同義であり、
手間を惜しむ「ケチ」の心のあらわれです。
ケチは「我《が》」です。自分のもとにあって当然という心、
相手にしてもらって当たり前という心、もっともっと欲しいという心です。
それはやがて終わりのない修羅の道へと続いていきます。
人に好かれる人は例外なく、「御礼」をたくさん言います。
御礼の言葉は言霊《ことだま》となって多くの人を喜ばせ、笑顔を増やし、幸せを呼びます。
それは回りまわって、あなたをも幸せにするでしょう。

「智」

仏教では仏の教えを「智慧」といいます。
智慧は、知恵と同じ読み方ですが、意味は少し違います。
智慧とは、宇宙の真理を指します。

私たち人類は、先人たちの多大なる努力のもと、
科学技術を発展させ、文化をつくり、
生きやすいようにさまざまな知識を身につけてきました。
さまざまな技術が進化してきたおかげで、いまの快適な暮らしがあります。
しかし、「心」はどうでしょうか。
人の心は、太古の時代から進化してきたでしょうか。

人の意識は、これだけの技術の進化に比べて
おざなりにされてきたように思われます。
仏教は何千年も昔の教えですが、ここ最近の現代物理学の研究によって、
その概念が次々と証明されてきています。
つまり仏教は、いまの科学技術では追いつかない場所にあるのです。
それが「智慧」とよばれるものではないでしょうか。

私たちは、大人も子どもも、いま改めて、
古い書を通じて「心」の在り方を学ぶべきときにきているのかもしれません。
そして蓄えた知識を智慧として実践できたとき、
人間として、より大きな器となるのだと思います。

「信」

素直、正直、一生懸命。

これは神様が大好きな人の特徴です。

「正直《しょうじき》の頭《こうべ》に神宿る」とは言い得て妙です。

素戔鳴尊《すさのおのみこと》も、手のつけられない乱暴者で、その暴れっぷりは神話でも有名です。

それでもさまざまな神話に登場し、多くの人に親しまれ、崇敬を集めているのは、その嘘のない正直でまっすぐな心が愛されているからでしょう。

正直をモットーとし、約束を守り、真面目にコツコツと生きる。

そういう人はややもすると不器用な生き方といわれ、

要領のよい人の陰で損をしているように見えることもあるかもしれません。
しかし長い目で見れば、そういう人は本当に「損」をしているのでしょうか。

子どもは親の背中を見て育ちます。
子どもは親の鏡であり、親の生きざまをそのまま子どもは受け入れます。

大人になったときに子どもから尊敬と愛情をもって語られる親の姿は、
十中八九、不器用でまっすぐな生き方しかできない親たちの、
凛《りん》と伸びた背中です。——芙蓉

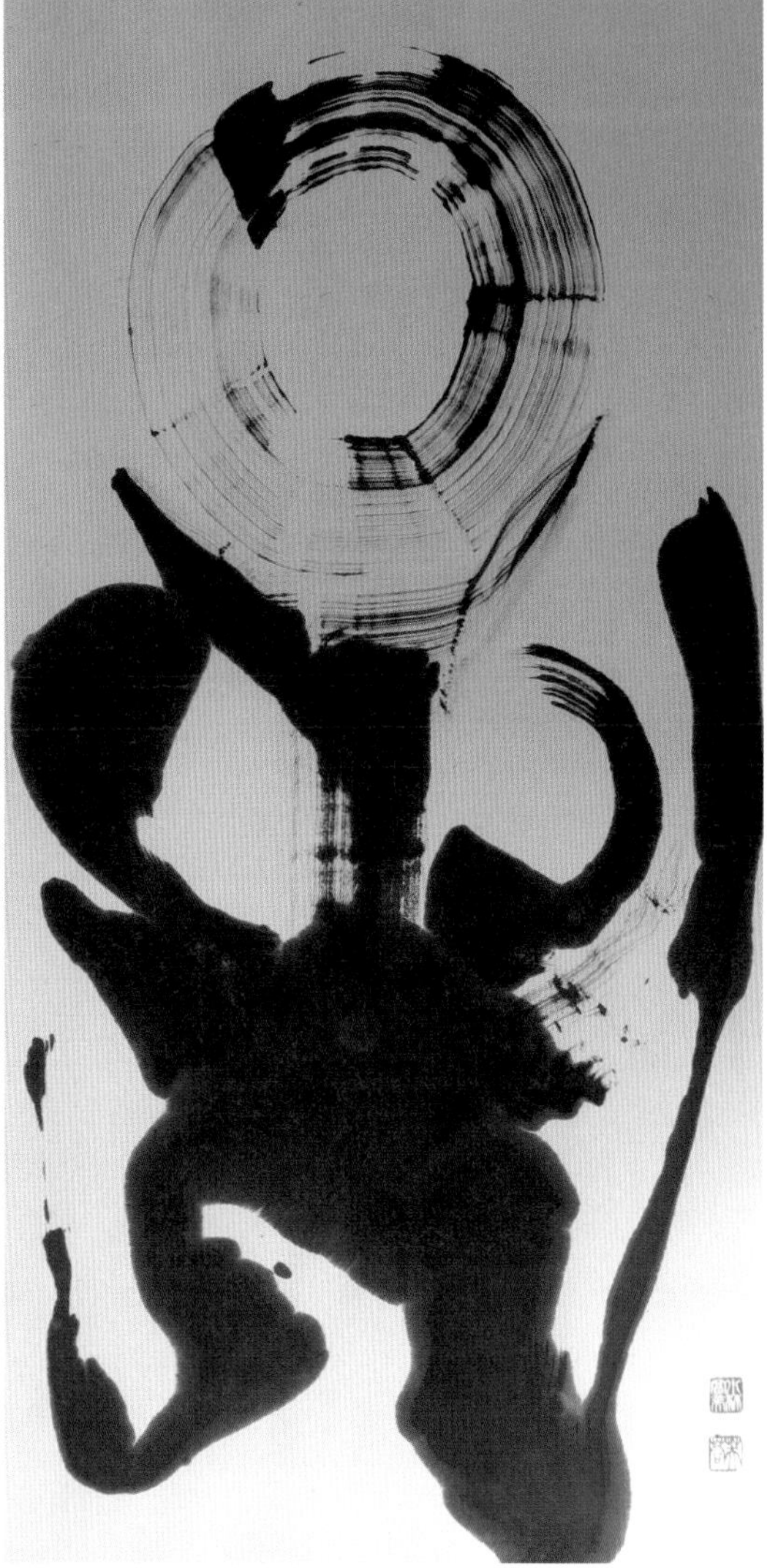

（79ページ）「空海」

四国の空と海の狭間を見つめながら修行していた空海は、何を考えたのでしょうか。一人でも多くの人を救うことに一生を捧げた彼の人は、そのときは、たった独りで座していました。（芙蓉）

（81ページ）「是非」

同じ物事なのに、私たちはどちらかの面だけを見て、それが絶対に正しいと断定してしまいがちです。お互いの「正しい」がぶつかると、争いが生まれます。是も非も、ひとつの側面にすぎません。この書では、是も非も、どちらも人の姿です。人はときには是に、ときには非になります。うつろいやすいその性質こそが人間であり、ダイナミックな命の輝きです。せっかくいただいた命です。「人」を存分に楽しみましょう。（芙蓉）

（86ページ）「国」

日本は青々とした緑に包まれた美しい国です。私たちの国の、緑なす国土は素晴らしいものです。しかし何よりも大切なのは、「人」です。人こそ国の宝。ひとりでも多くの人が幸せになる道を皆で探しましょう。（博文）

（89ページ）「光」

「この世に光が満ちますように」。私は揮毫の際はいつもそう願っています。光は愛です。すべてに先立つのは愛です。自分の魂を磨き、たくさんの人を愛しましょう。（芙蓉）

第九条　「誠」に生きる

嘘偽りなく、人生を裏表なく誠実に生きるということ。人に対して誠を以って接すること。

一時の毀誉褒貶《きよほうへん》で人や世のなかを騙すことができたとしても、長期的に見たときには見破られ、自分が傷つくことになる。常に人や世のなかに対して、誠を以って生きるということが、最も「真我」に近づく。――博文

「誠」は、嘘偽りのない、人としての道理をいいます。
誠は神道では、「礼」と同じくらいに大切にされている考え方です。
すっきりとした正直《せいちょく》さが、一番神様に好かれるからです。

私は書の揮毫を、祈りを捧げる神事のひとつだと考えています。
神様に対して嘘はつけません。
そして、その場をつないでくださった方に対して不義理もできません。
どんなに体調が悪くても、揮毫を約束したら必ずその約束を守ります。
体調が悪ければ化粧をして、足が動かなければ車椅子で向かったこともありました。
しゃがむことができないときは、板を立てていただき、
立ったまま揮毫をしました。
どんな形でも約束を守る。それが誠意だと考えているからです。

さまざまな思惑が飛び交い、他人を利用しようとする人も多い昨今ですが、
相手がどうという問題ではありません。
自分がどういう誠を貫くか、そこだけを神様は見ています。　――芙蓉

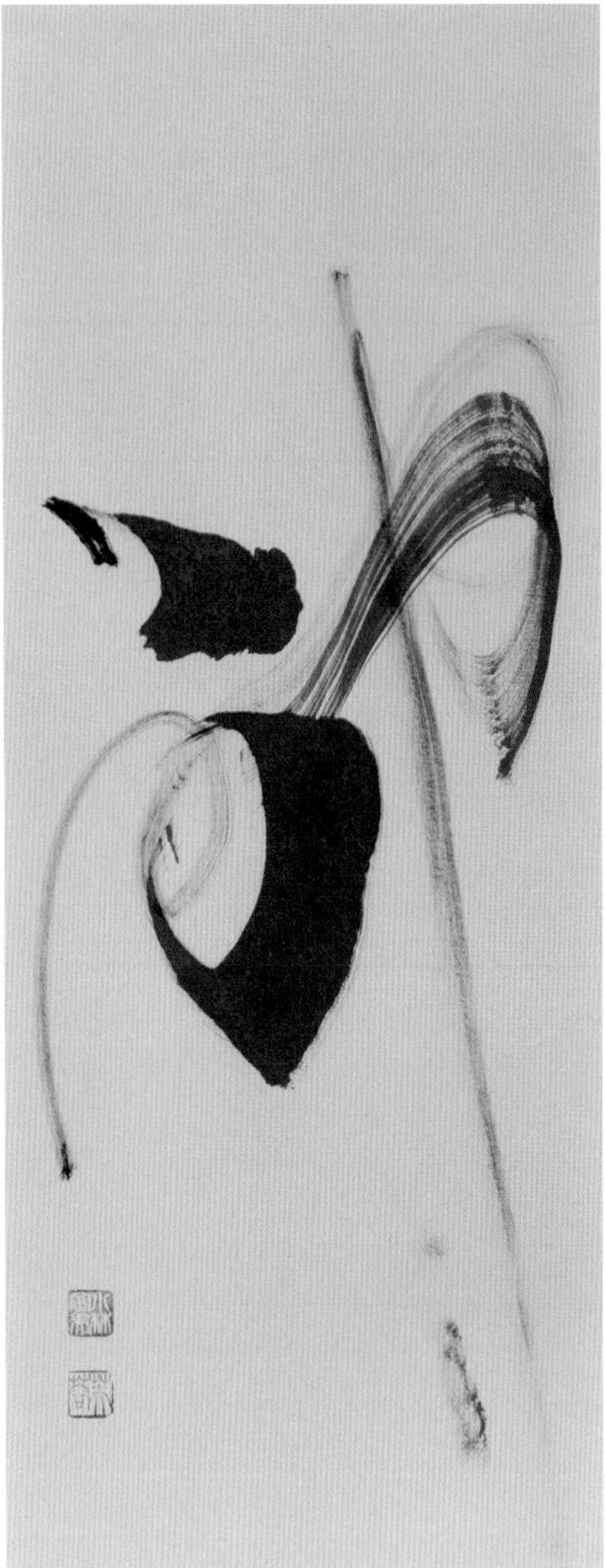

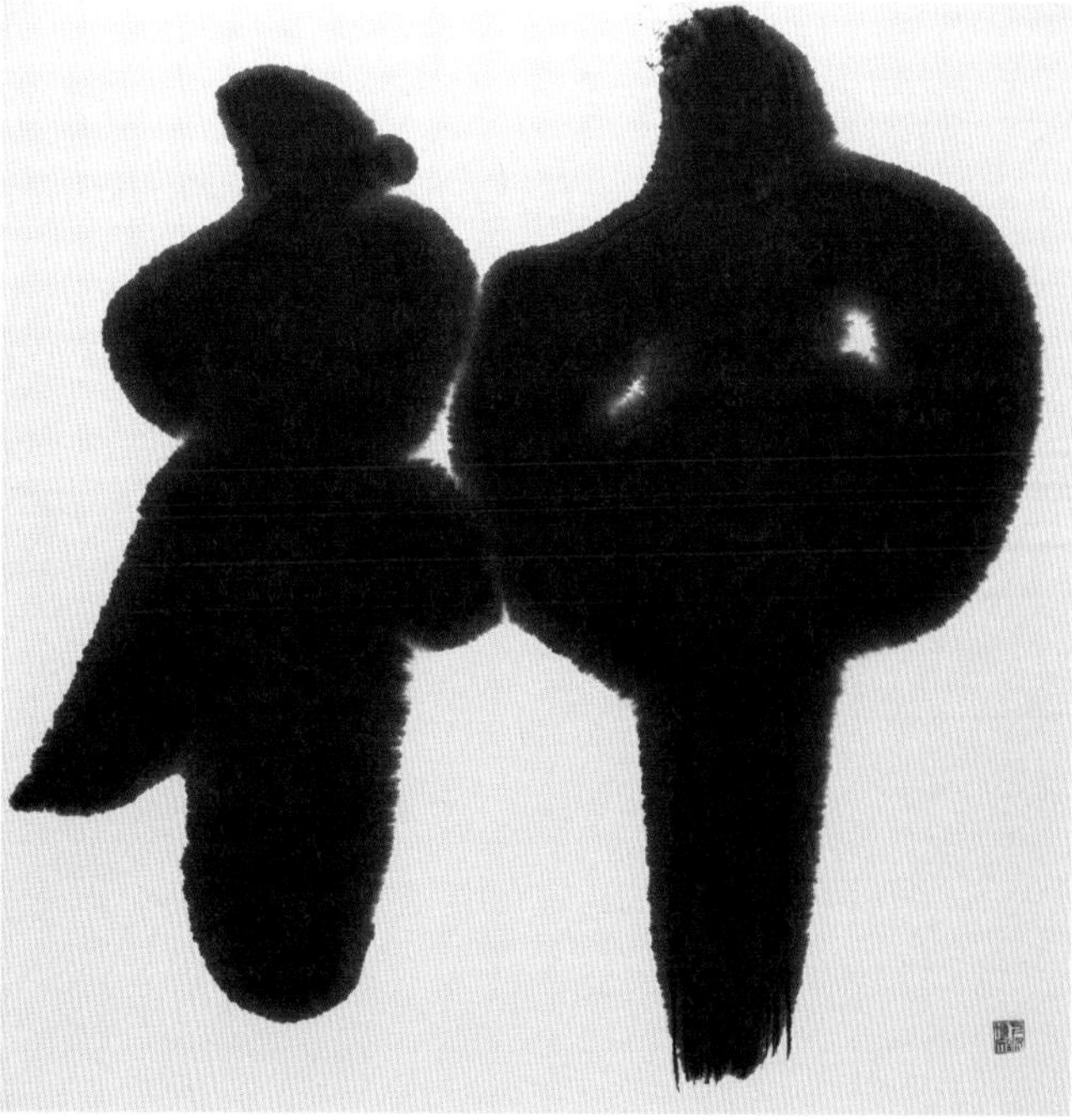

「神」

自分の外に神を持つことで生まれるのは、
「依存心」です。
自分の内に神を持つことで生まれるのは、
「良心」です。
(94ページ・芙蓉、95ページ・博文)

第十条
「志」をもつ

人は、心を磨くために輪廻転生《りんねてんしょう》を繰り返している。より善く生きていこうと、両親から受け継いだ自分の心癖《こころぐせ》を解消し、より人生を前向きに果たしていきたいと、この世に生まれてきた。生老病死《しょうろうびょうし》は、生まれてきたことによる負の苦しさや悲しみであるが、一方では、人と人との切磋琢磨によって砥石の如く心を磨くためにあるものでもある。

人は、他の動物と異なって、ただ生きているだけではない。なぜなら、心を磨く、つまり「より善く生きる」ということが、この世に生まれた本来の目的であるからだ。この本来の役目を忘れなければ、人は生老病死を乗り越え、どんな艱難辛苦であっても結果的にはそれらを糧《かて》として生きることができる。

その目的を果たすためには、「志」をもつということが、生きて行くうえでの大きな推進力となり、また、武器ともなりうる。人生を拓いていく、大きな方便となるのである。

人の夢は、自己の実現であるかもしれない。しかし志は自己実現に留まらず、そのことによって他者や世のなかをより善くしていくという、人類の進歩発展に資するものである。

一生涯かけても果たし得ないかもしれない大きな志をもち、多くの賛同を得、何世代にもわたるようなよりよい社会をつくっていく。他者から与えられるのではなく、自分自身の心の底から感応し、魂から奮い立つような目標をもつ、それが志である。

志は、順風ではなかなか得られない。逆境になったときに、志を得るきっかけが生まれることが多い。なぜなら気づきというものは、当たり前の環境のなかではなかなか得られないからだ。

だからこそ、人生には、安穏とした平和なときだけでなく、試練のときも少なからず訪れる。しかしその試練は、覚醒し、人生を前向きに生きていく方法としての志をもつためのものである。——博文

人は常に、より善く生きるという魂の本質をもっています。艱難辛苦のなかにあっても、その人の「魂の輝き」が失われることはありません。魂を磨くということは、より善く生きるということと同義です。そのための大きな力、生きるための推進力となるのが「志」の力です。

人の夢は、自己の実現であるといわれます。しかし志は自己実現に留まらず、そ

のことによって他者や世のなかをより善くしていくという、人類の幸福に寄与する考え方です。

本人がそう自覚しなくても、自分自身の心の底から魂が感応し、魂から奮い立つような思いをもったことはないでしょうか。もしあるとすれば、それこそがあなたの志なのです。

私は文部科学大臣になっていちばん最初に、東日本大震災で被災した福島のいわき市の平二中という中学校に視察に行きました。

福島県の浜通りなどの海岸沿いの地域で津波被害を受けた人たちが、同じ福島のいわき市のほうに移ってきておられ、平二中には移転してきた家の子どもたちが半分ぐらい通っていました。ある女子生徒の言葉をいまでも覚えています。

彼女は津波で家族を亡くし、残った家族といわき市に移動して、仮設住宅で暮らしていました。その仮設住宅では、あるお医者さんが家族を家に残して単身で住み込み、困っている人たちのために医療活動をしていました。

その姿を見た女子生徒は感動して、自分も医者になりたいと思ったそうです。彼女は、仮設住宅に来てくれたお医者さんだけでなく、世界の人たちから応援をしてもらったから、世界の人たちに恩返しをして、人類に貢献できるような医者になりたい、だから足りない学力を補うためにこれから必死になって勉強をしたいと、泣きながら話してくれました。

彼女は大変な目に遭って、家も流されて家族も失って、それでも自分はひとりじゃない、多くの人たちに支えられ助けられているということに気づきました。

人は逆境になったときに、志を得ることがあります。気づきというものは、当たり前の生活のなかではなかなか得にくいからです。つらい状況になってはじめて、それまで当たり前だと思っていた幸福に気づくということは、私自身もよく経験しています。

しかし皆が皆、つらい思いをしなければならないとしたら、それもまた不幸なことです。私は、この「志」を日常的な教育のなかで、たとえば偉人伝にふれたり、いろいろな人の話を聞いて体験を共有したりすることで、気づいてもらうことができるのではないかと考えています。そしてこうしたことは、「志教育」として一部の自治体で実践されています。

なかには、東日本大震災を経験したことで心が折れ、挫折し、つらく悲しい人生になってしまった方もおられるかもしれません。しかし医者を志す彼女は、負の部分、マイナスの部分をプラスに転じて、より志高く、より前向きに人生を生きていこうというエネルギーに変えたのです。彼女をそうした方向に導いた周囲の環境と、彼女自身の心のしなやかさ、強さに敬意を表するとともに、「志」をもつことのすばらしい力を再認識したできごとでした。――博文

「志」は天命をひらく鍵となる

阿《あ》を保つ
阿はすべての始まり
阿呆になるのは自分の「最初」を思い出すこと
我《が》を滅すると　自分が透明になり　調和が生まれ
好き嫌いがなくなり　志が浮かびあがる

阿呆になることで光が入る
人のために動く　計算しない　阿呆になる
これが天命を知る道につながっている

志は神様がくれた　あなたの天命を動かす鍵となる
志があることでより善く生きることができる
それはあなたを本当の幸せに導く

——芙蓉

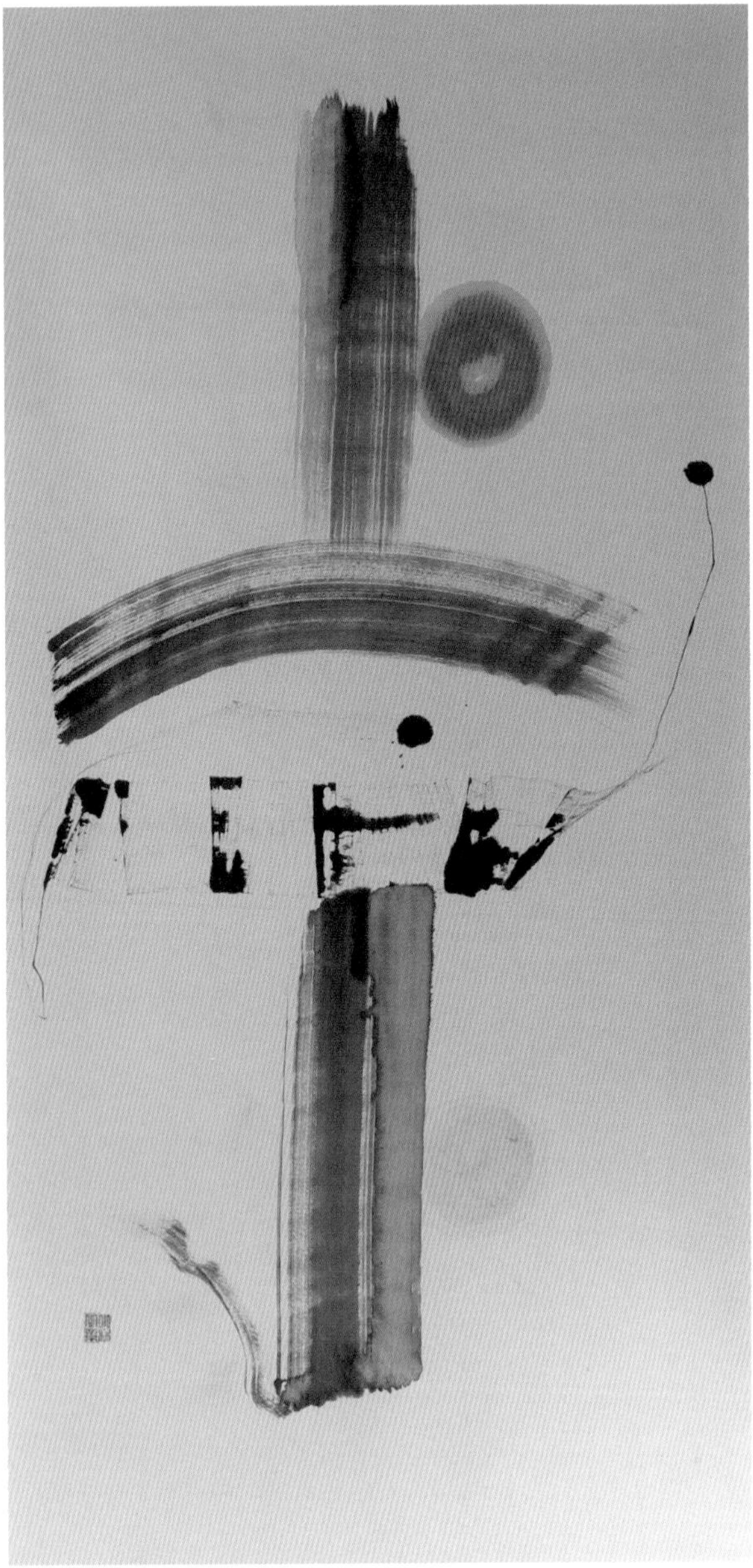

志

（106ページ）「上下」

上を見ても限りはなく、下を見ても底は見えません。あなたは常に「いま、ここ」に立っています。（芙蓉）

（107ページ）「志」

「志」を持つのは、早ければ早いほどよいのです。あなたの思い描く未来は、自ら行動すればするほど早く近づいてきます。最初に抱いた純粋な志を失わないよう、まっすぐ前を見て進んでいきましょう。（博文）

第十一条　「愛」を拡げる

九つの徳目

「愛」とは、他者との関係であり、その存在自体を愛おしく大切にしていきたいという想いの表れである。愛の反対用語は無関心である。より心を研ぎ澄まして生きる人は、より本質が理解できるようになる。その本質とは、愛である。

愛とは、他者への無条件の想いであり、愛深き人は、最も幸福な人である。愛とは、求めるものではなく、与えるものである。愛とは、生命としてのエネルギーであり、太陽のように無限に与え続けることが本源的なものである。人は、もともと大いなるものとしての存在であり、そのことに覚醒できれば、太陽のように無条件に愛というエネルギーを放つことができる。その量が多ければ多いほど、結果的に幸福になれる。

エネルギーのもとは、自分である。自分が愛というエネルギーを発することでパワーをもらい、活力をもらい、笑顔をもらい、人はより積極的に人生を切り拓いていけるようになる。自分自身が、「本源」である。それが愛の本質である。愛の力は本源を大きくしていく。愛を拡げるということは、自ら発するエネルギーをより大きくしていくということである。——博文

無視、無関心、無責任が愛の反対語。
そして世界の三大悪です。
「愛」は、相手への興味と理解であり、
その反対が無視、無関心、無責任なのです。

これは私が常々生徒に伝えている言葉です。

一人ひとりが「自分のことではない」と距離を置いて目の前のできごとから目をそらす。
それは愛から最も遠い行為です。

布施《ふせ》も、義務や決まりごとではなく、思いやりのひとつです。
布施はお金だけではありません。
愛の言葉も布施、笑顔も「破顔の布施」といいます。
相手を幸せにするためのものは、すべて愛から生まれています。
それを出し惜しみするのは、あなたにとっても相手にとってももったいないこと。
思っていても伝わらないのは、思っていないのと一緒です。

出し惜しみせず、言霊《ことだま》で愛を伝えましょう。
一番簡単に愛を伝える言葉をお教えしましょう。
それは、「ありがとう」です。
たった五文字で、世界に愛が生まれます。言わない手はありません。──芙蓉

（114ページ）「おやすみ」

たくさん遊んだら、ゆっくりおやすみ。（芙蓉）

（115ページ）「愛」

私たちは、一人で生きていくことはできません。自分の命があり、生きていることそのものが、多くの愛のなかで生かされている証でもあります。（博文）

第十二条　「和」を高める

九つの徳目

聖徳太子は、憲法十七条の第一条で、「和を以って貴《たっと》しと為《な》す」と表した。

この「和」とは、人は諍《いさか》いや揉《も》めごとで心を惑わされず、より力を合わせて結束して事にあたるべきである、ということである。

ただこれは、揉めごとを避けて自分の思っていることや人の意見を封印する、ということではない。

それぞれが自分の思いや考え、意見を率直に認め合い、交換をする。そのうえで事にあたって力を合わせる。それが和である。

大自然の摂理として、この世のなかは、お互いがお互いを活かし合っている。活かし合いのシステムを広げれば広げるほど大和、つまり大きな和となり、そこから大きなエネルギーとパワーが生まれる。大きな和は世界を平和にする。

人が生きていくためのメインの活動は、「働く」ということである。他の動物と同様に、人類もかつては食べていくことだけで精一杯だった。狩猟をし、農耕をし、そして、産業を興した。時代が変わり現代では、人間の労働を代替する機能が発達してきた。市民が奴隷を使ったギリシャ時代のように、人間はＡＩや人工知能、ロボットなどを使うようになった。その結果、働く時間はより短くなり、ゆとりをもって生きていける時代になろうとしている。

しかし、「働く」ことが、これまでのように身体を動かすという概念から変化しても、人が生きていくうえで最も大切な営みであることに変わりはない。この場合の「働く」とは、自分も他の人も、協調性をもって助け合いながら、一人ひとりの能力を活かし合い、より快適に、より楽しく、より豊かに、より幸せに暮らしていくということである。

そのためには、お互いを認め合うことが必要であり、その根本が「和の精神」である。

よりよい社会をつくるために、よりよい環境をつくるために、よりよい和をつくるために、皆と同じことをするのではなく、一人ひとりのもっている可能性を最大限に引き出す支援を社会全体が行い、他者のため、社会のために自ら貢献すること。その相乗効果としての運動体やつながりが、和を高めるということである。——博文

聖徳太子は「和をもって貴しとなす」という一文から十七条の憲法をつくりました。

神仏は、調和のあるところにのみ降り立ちます。
人と人との和、自然との和、宇宙の和。
紙面の墨と白が調和していないと美しい書にはなりません。

「和」の最小単位は家庭です。
家庭が平和であれば、子どもも安心できますし、
親も家庭の外で頑張ることができます。
大げさと言われるかもしれませんが、
家庭の和は世界平和の最初の一歩であると、私は強くお伝えします。

そう考えると、主婦は世界平和の一端を担っているわけです。
なんと尊いおつとめではありませんか。　――芙蓉

福

和

（122ページ）「福」

「笑う門には福来たる」。この世は自分の心を反映した水鏡です。自分がほほえむ姿は自分には見えませんが、伝えつづけた笑顔と言霊は反響し、周囲の笑顔となって必ず自分自身に返ってきます。（芙蓉）

（123ページ）「和」

日本で本当に必要とされる「和」は、ことなかれ主義から来る見せかけの和ではなく、それぞれの主義主張をぶつけあって、本音で語り合うことで生まれる「調和」です。（博文）

第十三条

「孝」の心をもつ

九つの徳目

自分という存在がこの世に誕生したのは、親がいるからである。親なくしてわが存在はあり得ない。その親も、またその親によって生まれてきたように、この世のなかはすべて縁と因果によって結ばれている。

子が、親に対して恩返しをするのが孝行である。子が親に感謝し、恩返しをする。親への思いやりを行動にあらわす。

「孝」には、親につながる森羅万象に対する自分自身の謙虚な心と、生かされているありがたさへの感謝の想いがある。　──博文

「孝」は、儒教の徳目のひとつであり、父母や祖先を敬う心です。そして、親と子

はとても深い縁で結ばれていますが、子が親を思う以上に、親は子を思うものです。

私は九歳のとき、ＪＡの職員だった父が交通事故で命を落とし、交通遺児となりました。その後、大黒柱を失った私たち家族は母子家庭となり、極度の貧困のなかでその日の食べ物にも困る有様でした。学校でも常にお腹がすきすぎていて、水道水を腹一杯飲んで空腹をごまかしていたものです。

父が亡くなったときは私と弟もまだ幼く、母はどうやって生活すればよいのか見当もつかないといった様子だったのを覚えています。その後、生活保護の助けを借りずに自活する道を選んだ母は、生活費を稼ぎ出すために、朝も夜もないくらいに働きづめとなり、家族は爪に火を灯すような倹約生活を送ることになりました。また、母の育児は大変厳しいものであり、反抗期を迎えた私はとにかく母には反発心しか感じられず、何度もケンカを繰り返していました。

その後、はじめて都議会選挙に出馬するとなったときに、母が応援にやってきてくれました。そして母は、なんと昼は手当たり次第に戸別訪問を繰り返し、夜は自転車にチラシを満載して毎日ポスティングしてくれるようになったのです。

群馬県からほとんど出たことのない田舎者の母ですが、その行動力にはあっけにとられました。そして、なぜそこまでしてくれるのか、母に尋ねました。すると、母はこともなげに、「博文のためにできることは全部やりたい。そのためには死んでもいい」と私に告げたのです。

それを聞いたとき、私は「あるいは、自分は母に深く愛されていたのではないか」とやっと思い至りました。「親の心　子知らず」とはよく言いますが、まさにそうであったと気づかされました。そして、親という存在のありがたさ、無償の愛に深く感謝したのです。

このときは新婚であった妻も、全身全霊で選挙に協力してくれ、過労がたたって選挙期間中に入院してしまいました。無理をさせてしまったことを申し訳なく思うとともに、家族がこれほどまでに助けてくれて、私はなんと果報者かと思いました。

当たり前ですが、人はひとりでは生きていくことができません。親がいなければ生まれることすらできません。そしてその親を育てたのは、そのまた親です。こうしてどんどん遡っていけば、気の遠くなるような生命の連鎖の末端に私は存在していることになります。

それを想像すると、自分がこの世界に立っていることがどれほど奇跡的な確率なのか。不思議という一言で片づけられることではありません。

「孝」の心は、もて、と言われてすぐに発露するものではありません。また、子どものころは、それがどんなに得がたいものかわからないものです。しかし、親が真っ当な愛情を注いでいれば、子どもはいつかそのことに必ず気づきます。孝の心は、親の愛情を子どもが確かに受け取った証なのです。――博文

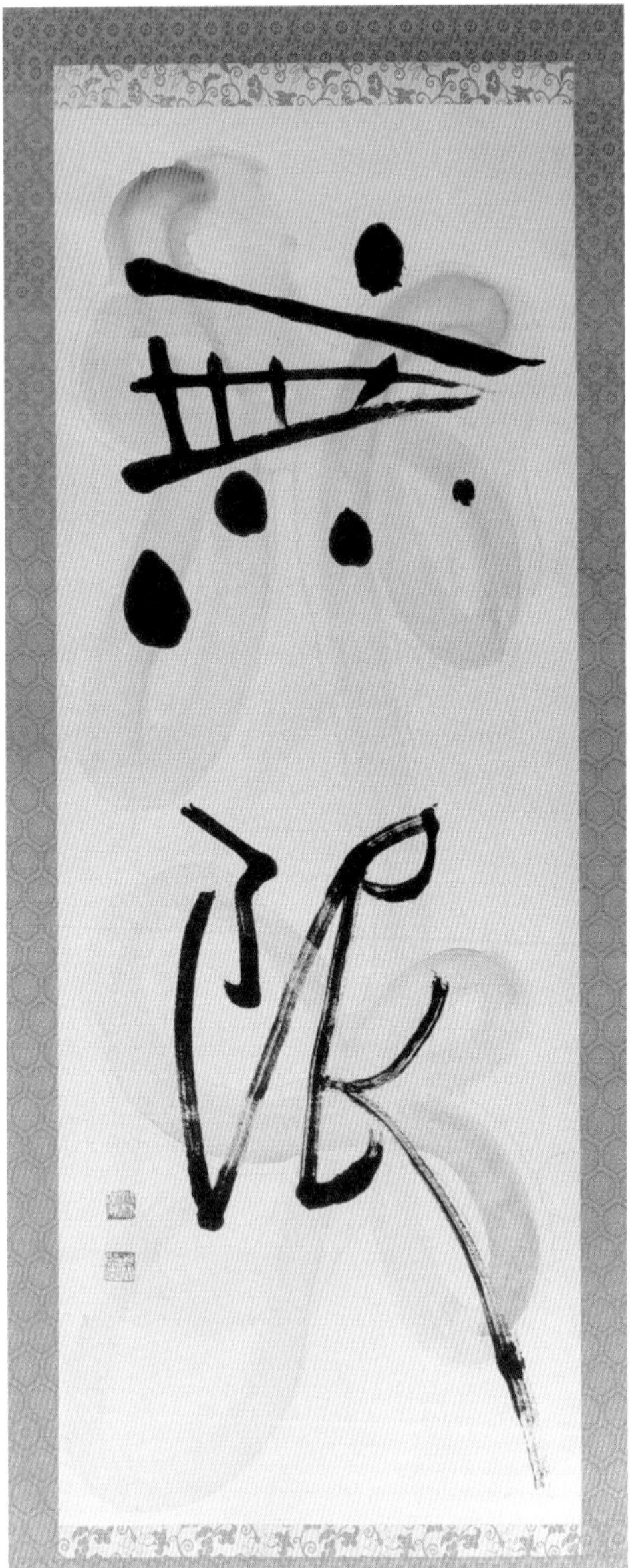

「無限」

「ここまで」と決めてしまっているのは、ほかでもないあなた自身です。本当のあなたは、限りなく自由で、どこにでも歩みを進められるし、何にでもなれるのです。（芙蓉）

第十四条　「勇」をもって行動する

九つの徳目

『論語』に「智《ち》の人は惑わず、仁《じん》の人は憂えず、勇《ゆう》の人は恐れず。」とある。そして、「義《ぎ》を見て為《せ》ざるは勇なきなり。」と示している。この場合の「勇」とは、向こうみずな行動としての勇ではない。世のなかの不義、そして自分自身のなかにある不義に対して、自分を捨てて行動することが勇である。

勇の字は「マタに力を入れて田んぼを支える」と書く。ただ生きるのではなく、丹田にぐっと力を入れて、まっすぐ立ち上がるのが勇の姿である。不義に対して、勇ある行動をとることが、より善く生きるということにつながっていく。より善く生きるとは、自他ともによりよくしていこうということである。そのときに自分を捨てて不義に対して立ち向かうことが勇であり、それを正気、気概ともいう。

自分を守るのが勇気ではなく、自分を捨てるのが真の勇気である。捨てることができてこそ勇気なのであり、囚われている自分を解放できることが勇気である。

勇気をもって行動すると、人間力が出てくる。自分を捨てたことによって得たその人柄にこそ、人は敬意と憧れをもってついていく。自分を捨てることで、最後に得るのは、その何十倍、何百倍も価値のある「人望」である。

――博文

勇気がある人、とは、どういう人でしょうか。一般的には、なんらかの恐怖に打ち勝って、がむしゃらに何かを強く推し進める人をイメージするのではないでしょうか。

幕末の動乱のさなか、「国難襲来す。国家の大事といえども、深慮するに足らず。深慮すべきは、人心の正気《しょうき》の足らざるにあり」と吉田松陰《よしだしょういん》に贈った人物がいました。幕末の水戸藩士で儒学者の藤田東湖《ふじたとうこ》です。

この言葉は、黒船襲来を受けて、日本が鎖国から開国への要求を突きつけられ、どうすべきか判断を迫られて人心が揺れ動いていたときに、東湖が弟子に向けて示したものです。

ここでいう「正気」とは、慌てふためき自分のことしか考えられない心の状態の逆であり、国のために何をなすべきかに私心を捨てて向き合う心、真っ当な意識のことを指します。つまり、東湖は「黒船の襲来は国の大事ではあるが、本当に心配すべきなのは、人心にこの国難を乗り越えようという気概が感じられないことだ」と憂慮したのです。

私は、これこそが「勇」であると思っています。つまり、自分を強くもって恐怖に打ち勝つことが「勇」ではなく、また単なる蛮勇も「勇」ではありません。むしろそれらとは逆であり、自分そのものを捨て去ることなのです。自分が何のために生きているかを見定め、自分が定めた「誠」のために計算や迷いもなく行動に移す、その気持ちのあらわれが「勇」なのです。

東湖は、安政の大地震で母を庇って亡くなりました。己の命を捨てて母を守る、まさに勇の人であったといえるでしょう。水戸藩の藩士であった東湖は討幕派にとってはいわば敵方でしたが、彼の気概を示したこの言葉を受け継いだのは、明治維新で活躍した志士たちでした。自分を捨て、意地や面子も捨て、ただまっすぐに己の信念に従う生き方はすがすがしく、人の胸を打ちます。

その後、東湖の教えは弟子の吉田松陰にも受け継がれました。松陰もまた勇気の人であり、彼の開いた松下村塾《しょうかそんじゅく》には志士たちが集い、その弟子たちもまた松陰の信念を受け継いで、黒船が来たときには誰も思い描けなかった新しい時代の立役者として活躍しました。

私たちは普段、目に見えないものは「ない」と思ってしまいがちです。しかしそうではありません。彼らの思いは己を捨てることによって輝きを増し、激動の時代を貫き、確かに後世を形づくる礎《いしずえ》となったのです。――博文

「逢」


人が坂を上って歩いている姿にも見えます。何か大切なことや人に「逢う」ためには、ただ待っているだけではむずかしいものです。一期一会の出会いは、自分の足を使って歩いていくときにこそ得ることができるのかもしれません。

(2019年7月　珠洲神社／芙蓉)

「徳」

父は仕事の傍ら、無償で地元のために尽くしました。母は、父の死後、身を削って働き家族を養ってくれました。両親は言葉よりも生き方そのもので、私に「徳」を教えてくれました。徳は、利己や打算ではなく、純粋に他者のために尽くすことで積まれていくものであると。(博文)

第十五条　「祈り」

「祈り」は、神仏などの目に見えないもの、自分をはるかに超えた崇高なるものを感じたときに生まれてくる。祈りは、生に対する謙虚な姿勢を表し、祈りの場では自分自身の生きる目的をあらためて意識することによって、大いなるものとの交流が行われる。祈りという行為は、生きることについて最も誠実であり真剣であるということの表れである。

祈りの本質は、相手を思いやることである。手を合わせて相手に感謝したり、先祖に感謝したり、幸せを願ったりする、そういう心が祈りという行為となって表れる。自分のためにお願いをする、自己実現を祈願するということは、祈るとはいわない。

祈るとは、大いなるものと一体となることである。自分が宇宙意識の一部であり、同時に宇宙意識そのものであると感じることでもある。だから、祈

りの人生とは、即ち悟りへの人生でもある。──博文

日本人は無宗教だといわれますが、
全国に神社仏閣があり、古くから現在に至るまで、
老若男女問わず、さまざまな場所で祈りが捧げられてきました。

日本にいると気づきにくいのですが、特定の「宗教」というくくりなしで
ここまで「祈り」が身近にある国は、そうないのではないでしょうか。
ただ、日本人の生活と文化に祈りは浸透しているものの、

祈りが実際に土地の鎮《しず》めに大きな役割を果たしていることは
あまり知られていません。

人の心は、土地だけではなく、周りのすべてに影響を与えます。
毎日の一瞬の心の動きが未来の世界をつくっていきます。
人は人のために祈ることで、心が中庸になり、
怒りや悲しみから感謝の心へ変わっていきます。

人の幸せを願う、まっすぐで素直な心で祈ってください。
あなた自身の方法で祈りを届けてください。祈りはお経だけではありません。
心さえあれば、形はどういうものであってもかまいません。
先祖の成仏を祈るのと同じように、

周囲の人の幸せ、社会の幸せ、世界の幸せを祈ってください。
そうすることで、祈りの波動が地に満ち、
穏やかなエネルギーとなり地がおさまります。

一九九五年の年明け早々のことでした。
ある神事の帰りに天河大辮財天社《てんかわだいべんざいてんしゃ》の宮司様と一緒に大きな月を見たときに、
「これは大変なことが起こる」と感じたのです。
近い将来、なにか大きな災害が来ることは明白でした。

だから生徒たちの前で土下座して「どうかわかってください。
必ず大きな地震が来ます。どうか祈ってください」と伝えました。
そのときの生徒たちのきょとんとした顔は、今でも覚えています。

それからおよそ一週間後の一月十六日、
私は「今すぐ天河神社に集合しなさい。来ないと退会してもらいます」と、
それまでにないほど強く言いました。
来られない家族は枕もとに非常時持ち出し袋を置いてもらい、
来られる人はみんな天河神社に来てもらいました。
はじめて使った「退会」という言葉が効いたのでしょう、
生徒たちは、来られる人はみな神社に来てくれました。
そしてその明け方、阪神淡路大震災が起こりました。
私の生徒たちはみな、灘や宝塚など、
震災の被害がとりわけ大きかった地域に住んでいました。
被害者六四〇〇人超、全半壊など被害を受けた家屋も六三万棟にのぼる、
未曽有の大震災でした。

地震がおさまってからすぐに山を降りて、
市街地にいる会員の家族に食料を届けたりしましたが、
道は寸断され、まだ使える道に車が殺到し、
普段なら一五分で通過できる場所を抜けるのに数時間かかりました。
会員の家族には、大きなケガを負った人は幸い誰もいませんでした。

祈りの大切さは、なかなか目には見えません。
人のことわりの先にある真理については、
神仏は現象を通じて私たちに教えようとされます。
命が一番大切です。
その命をどうか無為にせず、天命を果たせるように、輝かせてください。
そのために「祈り」をどうか、忘れないでください。――芙蓉

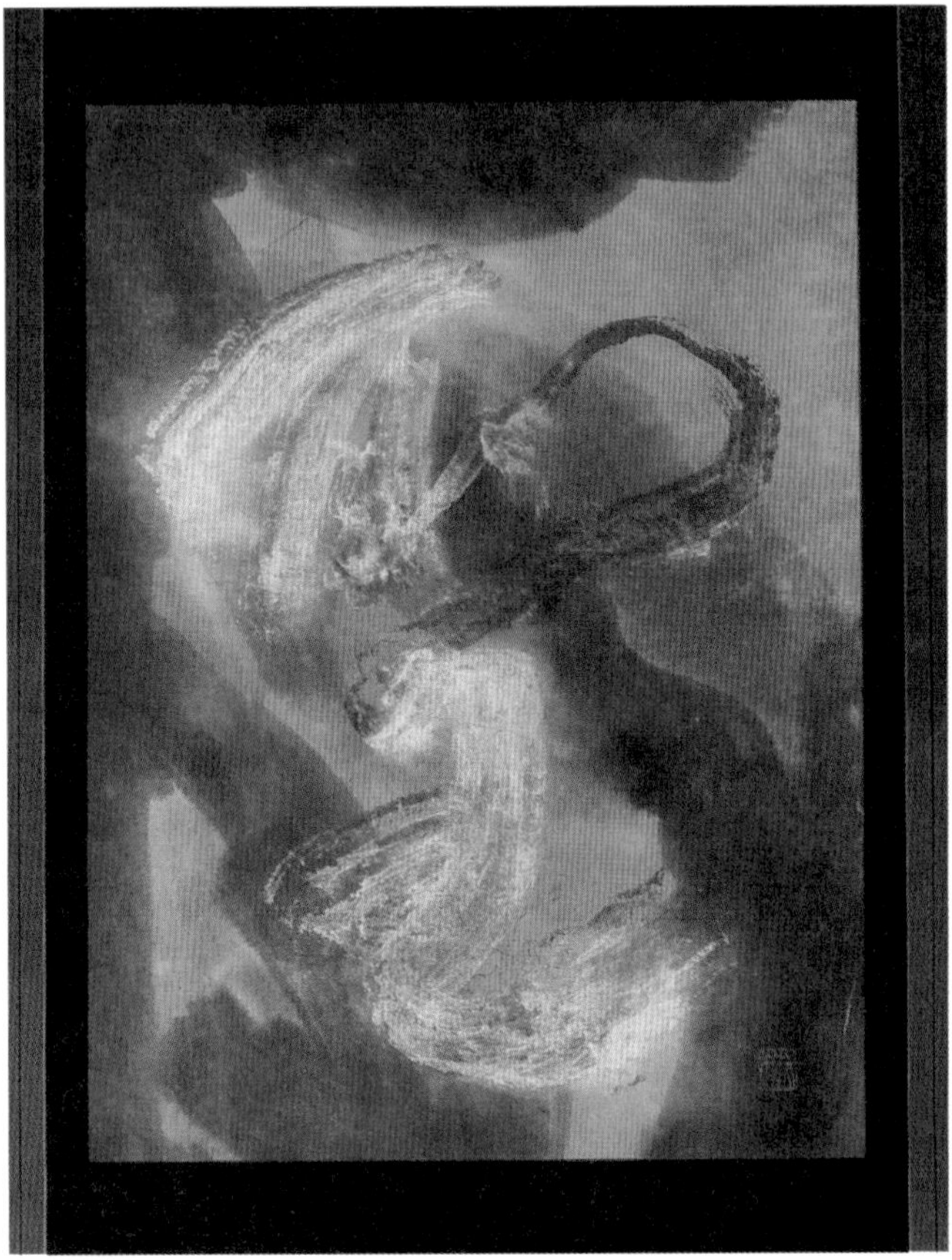

「聖」

膝をつき、頭を垂れて祈る聖人は、無言のうちに私たちに何かを訴えかけているようにも見えます。傲慢ではないか、独りよがりになっていないか、畏敬の念を忘れていないか。祈りを捧げるとき私たちは、自分の力で生きているのではなく、「生かされている」ことに気づきます。(芙蓉)

第十六条

本当の教育とは何か——啓育

総括

冒頭でのべたとおり、英語の〝education〟とは、ラテン語の〝educare〟からきている。ラテン語の〝educare〟には「引き出す」という意味がある。何を引き出すか？　その人の能力や才能、そして、可能性を引き出すということである。だからこれからの時代は、本来の語源が意味するところから、教え育てるという「教育」ではなく、心を啓《ひら》いていくという「啓育」に日本語訳を変えるべきである。

なぜその人の能力や才能、やる気を引き出すのか？　それは人生において、そのことによって、自分が何者なのか、なんのために生まれてきたのかを、それぞれが見出すためである。それは「悟り」の道であり、「真我」の道であり、真に幸福になるための道である。

しかし、残念ながら、これまでの教育においては、そのような本質的なことは二の次となり、まず生きているその時代の社会に、より適応していくための知識や技能の習得のみに追われてしまっている。

子どもたちを自立させるために、「教育」は必要である。だがこれからの教育では、教えられる教育ではなく、自らが学んでいくことが重要となる。それが「啓育」である。

時代や人種や国が違っても、人はみな幸せになろうとしている。そのために苦労し、努力して幸せをつかみ取る。その方法には、共通の法則がある。その黄金律ともいえる、人がより幸せになる生き方を教えることこそが、本来の「啓育」である。

もちろんその黄金律は、単なる知識やノウハウではない。一人ひとりが自分ごととして実践し、行動してこそ獲得できるものである。

現代文明はこれまで、科学技術イノベーション、物質的な豊かさの追求などを営々と積み重ねることによって、大きく発展してきた。しかし、心の問題、精神世界は、歴史上の人物たちの思想を乗り越えるには至っていない。

物質文明は進歩を遂げ、かつてよりはるかに便利で、豊かで、快適な時代になった。しかし精神文明は、ほとんど変わってはいない。そのような視点に立っての「啓育」が、これからは求められるのである。――博文

人間は、幸せになるために生まれてきます。誰もが幸せになる権利があります。

そして、私が実現したい日本の姿は、多くの人が幸せを実感できる社会です。

本来の政治の役割は、「国民を幸せにすること」であるはずです。つまり、いかに多くの人が幸福を感じ、安心して生きることができているか、その割合が高ければ高いほど、政治はその役割を果たしているといえるのではないでしょうか。

私はそれを表現する指標を「国民総幸福度」＝ＧＤＷ（Gross Domestic Well-being）と名づけ、従来の経済指標であるＧＤＰ（Gross Domestic Product）のように、政治が重視すべき指標として浸透させたいと思っています。なおウェルビーイング（Well-being）とは、精神的・社会的・身体的に良好な状況であることを指します。

人はどのようなときに「幸せ」と感じるのでしょうか。私はそれは、自分の人生における本質的な目的が見つかり、それに向かって自ら学び、努力できているときだと思います。そしてこれは、従来のインプットを重視する教育ではなく、自立性を高める「啓育」によって実現できるのだと考えています。

しかし日本は、その経済規模に反して、驚くほど幸福度の低い国となっています（二〇二三年の国連主催「世界幸福度ランキング」で一三七カ国中四七位）。その理由のひとつに、「人」の教育に投資を行なってこなかったことが、さまざまなデータから明らかとなっています。

人は自由で平等であり、また公平であるべきです。そして、教育機会もまた平等に与えられるべきものです。ここでの「平等」とは、チャンスの平等です。お金がないから教育を受けられない、努力しても報われないような社会であってはなりません。

私は交通遺児となって教育を受ける機会を失いそうになりながら、多くの人の助けによって大学を卒業し、塾の経営や文部科学大臣の務めなどを通じて、「教育」を自分の天命であると思い定めました。

「啓育」の実現によって志や天命を見つける子どもたち・大人たちが増え、できるだけ近い未来に、彼らが自分の力で充実した人生を送ることができ、心からの幸せを実感できるようになること。そして、その姿をひとりでも多く見られるようになること。これが私の夢です。

教育改革を通じて、ひとりでも多くの人の「本当の幸せ」に貢献できるよう、使命感をもって取り組んでいきます。――博文

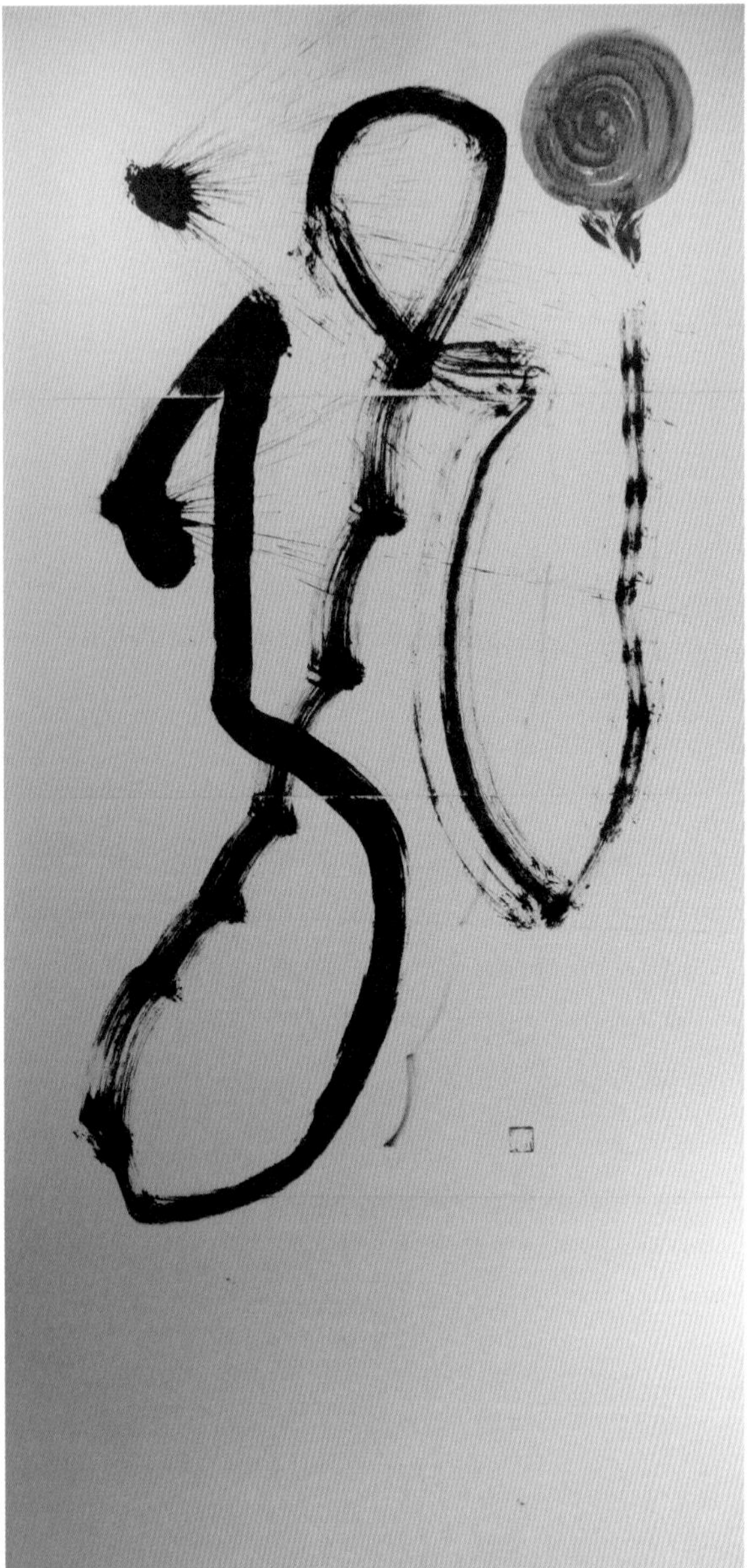

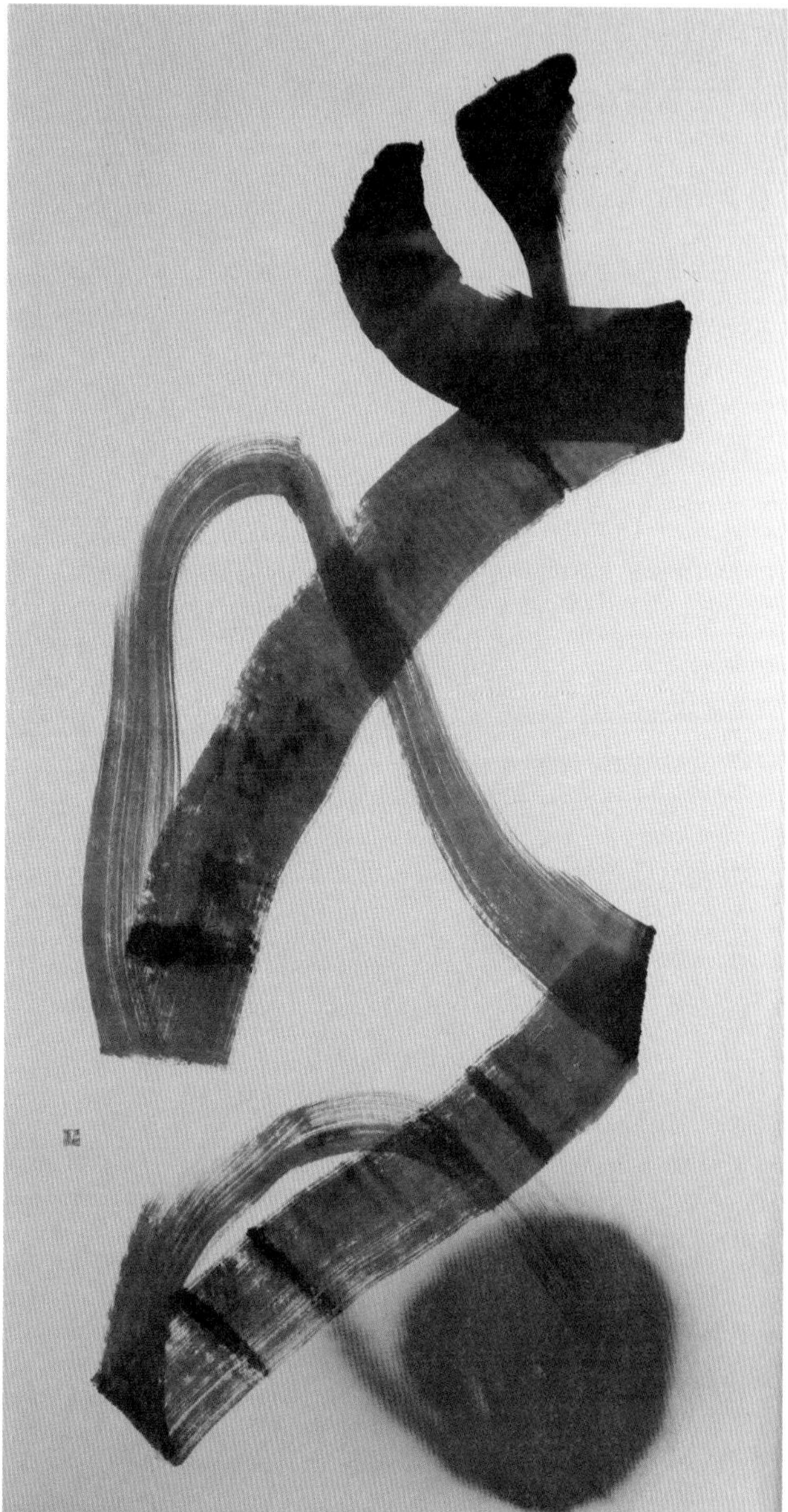

（156ページ）「龍」

太陽と龍の姿を描いたものです。龍は水を司り、太陽と龍で、陰と陽をあらわします。龍の荒々しいエネルギーは、まさに自然そのものといえるでしょう。（芙蓉）

（157ページ）「龍」

龍は空想上の存在とされていますが、日本では大変なじみ深く、さまざまな物語に登場します。ときには人に災害をもたらし、ときには恵みを与えるその存在は、自然そのものの姿であるように思えます。（博文）

第十七条

人生のテーマ「カルマ」

総括

人生のテーマは人によって異なる。もって生まれたさまざまな負の部分を、生きている間にいかに解消するかが、それぞれの人生の宿題、テーマである。そしてそれぞれのテーマに取り組むためのたったひとつの方法は、より心を磨くことである。

今生で出会う家族や職場の同僚など身近にいる人たちは、自分の修行を過去生から応援する人たちである。それらの人は、自分を助けてくれる者として、あるいは敵として存在する。

会うと苛立ったり、喧嘩をしたり、不快な思いになったりする人がいるのなら、それは逆縁ではあるが、しかし、今生において最も心を磨くためにいてくれる存在である。このことがわかったときに、負の部分が明らかになる。

目の前の課題に気づかなければ、負の部分は解消されない。しかしそれらは、いずれも乗り越えることができる。人生で悩み、苦しみ、災難や禍々しい出来事が累々と続いているように見えたとしても、それらはことごとく解決することができる。生まれる前からの課題解決を計画しているからこそ、私たちは生まれてきたのである。

しかし、マイナスの部分に気づかないまま一生を終えた場合は、もう一度やり直すために、早く「この世」という修行場に降ろされる。障がい、貧困、病気など……生老病死《しょうろうびょうし》は苦以外のなにものでもない。だから仏教では「苦からの脱却」を救いとするが、私は苦しみそれ自体が、自分が幸せになるための課題なのだと受け止めなければならないと思う。

「自分が解決できない課題は全て無し」といった生き方を常に選択していくことが、この世に生まれる前からの、自分との約束事であるのだ。――博文

「カルマ」は罰ではなく、ゆるしへの道標です。

自分の人生を考え、見直し、これまでの生き方を反省すること。
自分が改めるべきことを知ること。輪廻転生《りんねてんしょう》の理由と法則を知ること。
自分自身の運命をつくっているものがなんであるのかを知ること。
自分の人生の意味を知ること。魂のミッションを知ること。
どのように生きるべきなのかを、自分自身で考えること。

それら一つひとつは、カルマを知ることによってはじめて開ける、
幸せへの道標となります。
あなたは、ゆるすために生きている。
ゆるすことでカルマは解消され、魂は浄化される。

浄化された魂には神仏の光が入るようになり、その透明度をどんどん増していく。
光を増した魂は自らが光り輝き、己のみならず周囲を明るい光で照らしていく。
その光を人は「愛」と呼ぶ。愛はすべてを照らし、無限にいつまでも光り輝く。
あなたは自分が光であることを思い出す。

すべてをゆるしましょう。ゆるせないのであれば、ゆるせるまで恨みましょう。
気が済むまで悲しみ、怒り、恨んで恨んで、恨みつくして、
泣きたいだけ泣きましょう。

その果てには何もないと気づくまで。
あなたのなかには恨みではなく、愛があるのだと思い出すまで。
あなたのなかの光に気づくまで。——芙蓉

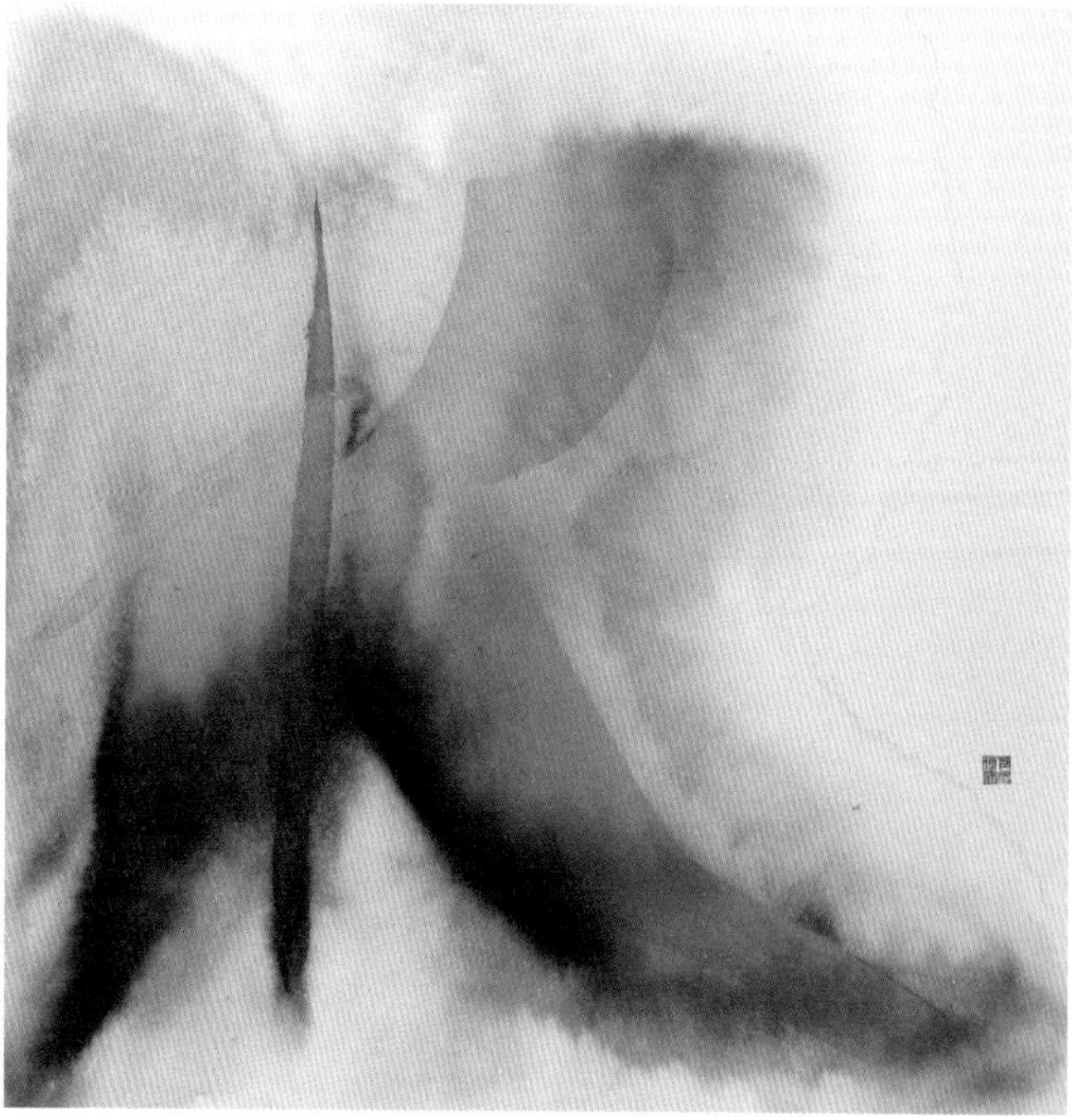

（164ページ）「平安」

外がどれだけ暖かくても、あなたの心が冷えていては、その暖かさを感じることはできません。逆に外が嵐であっても、あなた自身が幸いであれば、そこには平安があります。（2022年9月　誉田八幡宮／博文・芙蓉）

（165ページ）「水」

水はすべての根源であり、生命の源でもあります。日本は世界でも希有な「誰でも、いつでも綺麗な水が飲める国」です。この綺麗な水を生み出す日本の国土を将来にわたって守り、次世代に伝えていくことは、私たちの務めです。（博文）

【対談】

今ここで生きるあなたが幸せになるために

小林芙蓉 × 下村博文

○日本の文化は、あらゆる世界と共通点がある

下村　私は日本人には無意識的に、ある共通の精神性があると思うのです。

例えばキリスト教が世界を席巻してきたけれども、日本にはキリスト教信者は一パーセントしかいません。でも、キリスト教を拒否しているわけではないんです。拒否も否定もしていないのに、なぜ一パーセントしか信者がいないのか。キリスト教だけではなく、過去の歴史をみれば、日本には仏教も、儒教も、道教も入ってきました。しかしどの教えも、必ずしも多数派にはなりませんでした。それはなぜなのか。

その理由を私は、日本人にはもともと、共通した「根っこの部分」があるからではないかと考えています。その根っこの部分、日本古来の考え方をベースに、いい

下村博文（右）・小林芙蓉（左）

ところをそのまま残しつつ、入ってきた外来的なものを取捨選択しながらどんどん入れ込み、それらが万華鏡のように複雑に組み合わさって、より日本的なものをつくってきた、というのが日本ではないかと。

他の文明の多くは、全部受け入れるか、拒否をするか、同化するかの、どれか一択でした。しかし日本の文明は、一〇〇パーセント受け入れはしないけれども、拒否も否定もしない。それが結果的に「和」の精神、あるいは共生の精神といわれるようになったのではないか、という気がします。

日本はこれまでの長い歴史のなかで、世界のそれぞれのいいところを蓄積してきています。だから、あらゆる世界の文化と何らかの共通点がある。そして共通点があるから、これからは日本の精神文化を世界に発信していくことで、他国の人たちにも理解してもらうことができるようになる。日本の精神文化には、ある種の普遍性があるのではないかと思います。

よく日本人は自信がない、主張がないなどと言われます。しかし本当はそうではない。私たちはもっと、自分たちの文化に自信をもってよいのではないかと思います。

小林　おっしゃるとおりですね。

下村　私は、この世界にもし「宇宙の意志」のようなものがあるとしたら、それは常に前に進もうとする、それ自体が進歩発展することを望んでいるエネルギーであるように感じるのです。エネルギー自体には、良いも悪いもありません。ただ、進歩発展という指向性があるからこそ、競争が存在するのではないかと。昨日より、相手より、もっと良くなりたい。そういう意味での競争心が、人類の進歩発展の原動力になってきた部分はあると思うんですね。
「競争」は言い換えると「戦い」です。進歩をめざすと、そこに勝ち負けが発生します。そのことによって、戦争や紛争が起きたりするかもしれない。一方で人類は、進歩発展により、自分たちの能力を超えるような力を手に入れました。その結果についてジャッジするつもりはありませんが、現状がそうであるという認識はもっています。

○自己都合のルールでは、いつまでも戦いが続く

下村　だからこそ、いま大切なのは、やはり調和だと思うんです。

これまで私たちは一〇〇パーセント、「進歩発展は良いことである」と考えてやってきました。しかしこのままだと、自分たちの首を絞めるぎりぎりの限界まで来ていると感じます。だからいま、進歩発展と調和をどう結びつけていくかということが問われている。

スポーツをやっている人なら誰でも、勝利に執着したことがあるでしょう。しかしそれはスポーツの世界だから許される。なぜならスポーツは、前提条件としてフェアでなくてはいけない、公正でなくてはいけない。そのためにルールがあるんですよね。ルールがあって、その決めごとの範囲内で闘い、勝敗を決める。だから、

スポーツにおける勝利は許されるんです。

しかしスポーツ以外の場面ではどうか。人間社会において、世界共通の公平なルールがあるのかとなると、大いに疑問です。

国でいえば日本のルールがあり、アメリカのルールがあり、中国のルールがあり、ロシアのルールがある。しかしこれらはみんな自己都合のルールです。結局は戦い合って、どれかひとつのルールしか通じなくなる。そんな弱肉強食の世界、自己都合のルールのみが勝つ世界で生きることは、果たして皆の幸せにつながるでしょうか。

小林　それで下村先生は、教育のことを一生懸命やろうとされているんですね。私もかれこれ四七年間「主婦道」をしてきて、自分もですけれど、同じ主婦の人たちに書道教室を通じて人の道を教えてきました。偶然ですが、一番大切にしていた教えが、私も「調和」でした。やっぱり最後は調和しかないと。

下村　その調和について芙蓉先生にお聞きしたいんです。「調和」ということの意味については、実はほとんどの人が誤解しているのではないかと思っていました。できるだけ自分を殺し、自己主張せずに周りに合わせる、それを調和だと思っている、思わされている人が、とても多いのではないかということです。

人間は、ひとりとして同じ存在はいません。本当の調和というのは、もっと自分を生かし切って、自分のもっている才能をしっかりと花開かせるようにしながら、それぞれが調和していくという、いわば「大調和」を指すのではないでしょうか。

調和という言葉について、もっとみんなが理解し合い、深め合っていかないと、無目的に組織に従うだけの個性のない集まりになってしまいます。

小林　日本人は、相手にどう思われるかを気にする気持ちがとても強いのです。そのためか、いろいろな意見があっても、「こういうことを言葉にして伝えよう」といった、言葉の掛け合いがあまり多くありません。「調和」にもっていくためには、私は「ことだま（言霊）」が大切だと思うのですが、その「ことだま」がすごく少ないのです。

「自分がどう思われるか」ということから意識が離れず、そのことが「相手にどう伝えるか」を考えることを邪魔しているので、調和に至る「ことだま」の掛け合いが生まれにくいのです。

この松籟庵《しょうらいあん》の小さな空間ですら、従業員同士でぎくしゃくする場合もたくさんあります。このお店の従業員はみなさん、個性がありますからね。自分の思いがいろいろあってぎくしゃくするので、私はすぐに「話し合いましょう」と言うのです。最後は、みんなで話しているうちに、だんだんそこに調和が生まれてきます。その空気感をお客様も気持ちよく感じてくれるので、やはり調和はとても大事だと感じます。

○カルマが少ない人は他人に好かれる

小林　ちなみに、「ことだま」に関する「カルマ」をもつ日本人はとても多いのですよ。そして、カルマが多い人と少ない人を両方見ていくと、人に好かれる人はカルマが少ない。話し合っていても、すっと話が通ります。一方で、ものすごく頑固な人というのは、カルマが多くてなかなか話が通じていかない。調和することを邪魔するのは、カルマです。

下村　その場合のカルマというのは、別の言葉でいうと「我《が》」だと思うんですね。

小林　おっしゃるとおり、「我」です。

下村　自分自身の「我」ですね。たとえ話ですが、まず個人があるでしょう。それから周辺、仲間がありますよね。どんどんこれが広がっていくと、それが社会になって、国になって、人類になって、地球になる。視野が広く大きくなればなるほど「我」から離れるから、自分が執着していることは、大きな視野から見れば些末なことのように思えてきます。しかし、大きな視野に立てなかったら、やっぱり自分の「我」に執着して、プライドやメンツこだわってしまう。相手の言葉がことごとく失礼に感じられたり、イラついたり、腹を立てたりするようなことが多くなるのでしょうね。

自分の「我」からできるだけ離れることが、究極的には地球的な視野でものごとを見ることにつながっていくと思います。

○さまざまな経験は「我」を取り去るために

下村　だから「我」が強い人は、いろいろな経験を積むことによって、自分の視野が実は狭かったのだと気づくことが多いのではないでしょうか。
しんどい思いをしている人は、その渦中にいるときにはわからないかもしれない。でも、そこから離れたとき、「ああ、自分はこんなつまらないことに執着していたのだな」と、ふっと気づくことがあります。人間関係を広げる、職場環境を変えるなど、さまざまなことにチャレンジをしていかないと、自分が執着しているのかどうかもよくわからないのだと思います。

小林　僧侶や神主をはじめとする宗教者が、なぜみんなつらい思いをして滝行《たきぎょう》をしたり、早朝から掃除をしたりするのかといえば、それらすべてが「我」を取り除くための修行だからです。

下村　そうですね。

小林　特に僧侶の場合は、すべてのものを捨てるなりお寺に寄贈するなりして、身ひとつのところから始めていくといいますが、これは形のうえのことで、結局は心のなかの修行なのでしょうね。

下村　「我」が取れれば「悟り」につながります。悟りは、別の言葉で「真我の世界」といいます。でも人間は、執着があるからこそ生き抜いていけるという、本能的な部分もありますよね。「我」を取るというのは、これはもう一生のテーマではないでしょうか。

小林　はい、おっしゃるとおり一生のテーマですね。「我」を取り去ることを一生のテーマにしながら、しかし「我」が取れないままであの世に行かざるを得ない、というのが、ほとんどの人々のパターンなのです。

下村　そうですね。

小林　「我」の「衣」を脱いでいくことで、きれいな魂が表れてくる。そのために、仏さまに近づくための修行をする。本当に立派な僧侶の方はかなり「我」が取れているから、固定観念や歪んだ認知などはなく、とても広い視野で、ありのままにも

【対談】

今ここで生きるあなたが幸せになるために

のごとを見ておられることが多いですね。だけど、そういう方もおられるけれど、「我」を取ることはむずかしい。本当にむずかしいです。

○山ごもりしなくても誰もが修行している

下村　もちろん一般の人たちの場合は、別に僧侶になろうとか、修行して「我」を取ろうとか思っているわけではありません。ただ、本人が気づいているかいないかはともかく、日常生活そのものが、「我」や執着からいかに脱却できるかという修行の場になっている。そのことに気づくかどうか、ですね。

小林　そうですね。わざわざ山にこもらなくても、みんな一緒に修行中なんです。

下村　ただ、普段の生活そのものが「我」と執着を取り去る修行の場であるとして、比較的順風のときは、そのことを意識する機会はあまりなさそうです。でも自分が逆境に陥ったとき、壁にぶつかったときは、困難を克服するために考え、行動しなければならない。前向きに捉えれば、そうしたときこそ「我」を取る修行の、最大のチャンスといえると思います。

小林　逆境こそチャンス、というのは、おっしゃるとおりですね。日常生活のなかにも、チャンスはたくさんあると思いますよ。例えば井戸端会議で、誰かが自分の悪口を言っているのが聞こえたとしましょう。耳に入ったことでカッと怒る人と、気づきを得て直していこうと思える人とを比べると、後者の人は間違いなく「我」を取る方向に行っています。怒る人は、「我」を丸出しにしているのです。

○「いったん受け入れる」こと

下村　そうですね。私は主婦や地域の人たちの声を聞く「車座トーク」という活動を定期的に行っていて、すでに八〇回を数えています。そこである女性から、「自分の悪口を言われると頭にきます。そういう場合、どう対応したらいいのでしょうか」という質問を受けました。そのとき私も、芙蓉先生がいま言われたように、「ありがたいことだと受け取れるかどうか、です」と答えました。

誰にでも欠点はありますが、それを面と向かっては言ってくれないものです。けれど悪口は、「あなたにはこういう欠点があるんだよ」ということを間接的に教えてくれる。だから悪口を聞いたとき、「ああ、私の欠点を、この人はわざわざ言ってくれたんだ」と感謝する。そうすれば悪口は悪口ではなくなり、ありがたい指摘となります。

私自身もまだそこまで到達できていませんが、そう思うようにしていれば、悪口を言われても、根にもったり、心が折れたりしないようにできるのでは、と伝えました。

小林　私も実際に、「悪口言ってくれてありがとう」と言っています。何か言われたら、まず「そうそう、そのとおりで」と。

下村　私、以前、テレビの討論会に出ていたことがありました。そうした場では、反論しないと自分の立場やアイデンティティーに影響が出ると考えて、相手を論理的に言い負かすことに力を注いでいました。しかし後で考えると、その場で反論しても、自分にとってプラスになることはまるでないですね。言い負かすと、相手には議論の内容より、「自分の意見が否定された」という思いばかりが残ってしまいます。ですから議論の際には、まずは全面否定せず受け入れて、しかしそれでも、もっとこういうことのほうがより真実に近いんじゃないか、正しいんじゃないか、という流れで考えをきちんと伝えるようにしています。

○子どもは親の背中を見て育つ

小林　教育にも同じことが言えるのではないでしょうか。素直に育った子は、人の話をよく聞くようになります。世のなかにはいろいろな人がいて、いろいろなことを言う。否定するにせよ肯定するにせよ、話を聞いてまずは受容する、そういう人に育ってほしい。そのためにも親自身が努力して実践し、子どもに伝えていってほしいなと思っています。

下村　やはり子どもは、親の背中を見て育っていくところがあります。私自身もそうでした。親も人間だから、欠点もたくさんあるでしょう。それでも、謙虚さをもって子育てしながら、自分も一緒に成長していくのだと、親自身が思ってほしいですね。

小林　私は弟子たちに対して、自身を親だと思い、まるごと面倒見てきました。家族も含めれば五〇家族分です。親として四七年間、自分の子と他人の子を区別せずに育ててきたんです。だから会員や会員の子どもが危ないというようなときは、何があっても必ず駆けつけていました。

下村　私が親をすごいなと思うのは、無償の「愛」です。

幼いころ、私の母親は大変厳しい人でした。母が三十二歳のときに父が交通事故で亡くなって以降、母子家庭でものすごい苦労をしました。母は、あるときは父、またあるときは母で、役割を交互にこなしながら、子どもたちには常に厳しい存在でした。あまりに厳しすぎて、特に多感な時期は母親に対する反発のほうが強かった。こんな母親と一緒に暮らしたくないと思ったこともありました。

ところが私が大人になってから、はじめて都議会議員選挙に出馬したときのことです。息子のためなら自分は死んでもかまわないと、頼んでもいないのに群馬の山のなかから出てきて、片っ端から戸別訪問してくれたのです。田舎者だから、いきなり東京都の板橋に出てきて知らない家を訪問するなんて、恥ずかしくてしようがなかったと思います。けれど必死に、恥ずかしさなんか捨てて、格好とかつけないで、子どものためだけに、一軒一軒訪問したり、ポスティングでチラシをまいたりしてくれました。

なんでそこまでやってくれるのか？　当初、私には理解できませんでしたが、あとで、それが無償の愛なのだと思い至りました。自分がどう思われるかではなく、息子のために何ができるかだけを考えて動いてくれたんです。

母のそういう姿を見て、母に対する見方も一八〇度変わりました。自分は親に大切にされていた、だから親に恥ずかしい思いをさせるような生き方はしたくないという思いが強くなったのです。

○子どもの問題は親の問題でもある

下村　いまは世のなか全体が、人間関係が薄くなってきているような気がするんですよ。でも人生において、人が人として生きている幸福、幸せは、やはり人間関係から生まれてくるものだと思います。孤立したなかで、独りだけで幸福感を味わう、というケースはなかなか考えられません。

人間関係のうち、最も濃いつながりは親と子の関係ですが、うまくいっていない親子関係も世のなかにはたくさんあります。これは私見ですが、そういった場合は、たいてい親のほうに問題があります。子ども側の問題は、非行だったり、ひきこもりだったり、不登校だったりと、問題の出方はさまざまです。しかしそれらの多くは、親の問題がきっかけになって発生していると捉えたほうが、解決する方向に向かいやすいのです。

小林　そうなのでしょうね。私はそこにも、「我」の問題があるように思います。親の、子どもに対する「我」。世間に対する「我」。「我」が強いから、「子どもより自分が大事」と思ったり、「うちの子はなんでこうなんだ」と怒りを感じたり、子どもが外でトラブルを起こしても「うちの子は悪くない！」と言い張ったりします。

私は、子どもに何かあって失敗した場合は、まず親が飛び出していって「すみませんっ」とお詫びすること、これが「我」を取る一番の修行だと思います。お詫びして相手を冷静にさせてから、「ところで……」と問題を整理していけばいいのです。

私もこれまで、どれだけ「すみません」と言ってきたか。この、「人に謝る」ことは、簡単なようでいてなかなかむずかしいものです。「我」を捨てないと、心からの謝罪はできません。

下村　芙蓉先生は、社会におけるプライドなどは取り払っているんですね。

小林　プライドはありませんね。

下村　でも普通の人は、やっぱりみんなプライドで生きているんです。だから謝りたくないのです。

小林　みんな「偉い」からですよ。私、阿保《アホ》だから。私はもう突き抜けた阿保ですから。負けるのがなんぼのもんと思っています。

下村　しかし実際のところは、世のなかにはそんなに、心から謝れる人はいませんよね。謝ったら全部自己責任になってしまう時代ですから。謝ったら負け、みたいなところがあって、内心では自分が悪いかなと思っても、絶対に謝らない人が増えています。

この意味では、真理とかけ離れた世界になってしまっている部分がありますね。訴訟になると「謝ったら負け」みたいなところがあるから、それが身についてきて、簡単には謝らないという風潮があります。それが、世のなかをもっと悪くしています。

光水火風

小林　私の親もとても厳しく、同時に大変立派な人たちでしたが、大切な教えをいくつも授けてくれました。

言い訳するのはみっともない。だから争いが起きても言い訳するな。あとで相手側が、「あれは自分たちが悪かった」と気づいたほうが、自分の株が上がるよ、とよく言っていました。この教えに倣って、私は言い訳をいっさいしないようになりました。

もうひとつ教えられたのは、言葉、つまり「ことだま」の大切さです。私は、結婚してからも、とにかく「ことだま」を大切にし、夫と子どもたちに対して、どんなに小さなことでも常に言葉に出して思いを伝える努力をしてきたつもりです。

○自分の不幸にフォーカスせずに前を見つめる

下村　現在の日本では、教えてくれる親も、助けてくれる友人もいないなど、厳しい状況に置かれている人たちがいます。しかも母子家庭の貧困率は五〇パーセントを超えており、たくさんのお母さんたち、子どもたちが苦しい生活を送っています。

それでも、厳しい立場のお母さんが毎日、つらいなあ、しんどいなあと思っていたら、それは子どもにどんどん伝染していきます。むずかしいことですが、できれば日々を生き生きと、自分なりに精いっぱい人生の楽しみを見つけてもらえるといいなと思います。

その日の食べ物にも結構苦労して、こども食堂に行かないといけない。子どもに習いごとをさせてあげられないし、大学に行けないかもしれない。客観的に見たらつらい家庭かもしれないけれど、お母さんが前向きだったら、実は子どもはそこまで不幸にはなりません。子育ては、親の気持ち次第です。暗中模索のなかでも、少しでもより良い生き方を求めていくということを、親がいつも意識しているかどうか。それが結果的に、子どもに良い影響となって感化するということにつながっていきます。

親が幸せだと思っていないのに、子どもが幸せを感じている、というケースは、レアだと思います。親の背中を子どもはいつも見ていて、親の影響を受けつづけているのです。

お金はないかもしれないけれど、その境遇を超えてもっと広い視野で見れば、とにかく健康で入院もせず、寝込むこともなく生活できていること自体が、実はすごくありがたいことです。もっと言えば、生きていること自体がすごいことで、幸せなことだと思うんですよ。もちろん水道も電気もガスも通っていて、その日の食べ物に困らずとにかく生きていける、ということが前提ですが。これらのことに困窮しているような場合は、これはもう社会的なセーフティーネットの問題で、行政が必ず対応しなければなりません。

いずれにしても、視野を広げて楽しみ、幸せをつくっていくことができれば、つらさが緩まって、楽になれるのではないでしょうか。自分自身が気持ちをどう変えるかということにフォーカスすることで、幸せに近づけるのだと思います。もちろん、少しでも幸福な親子を増やせるよう、私もできることを精一杯努めていきます。

小林　昔は、目標とする人や憧れの人が身近にいたものです。今の若い人にも、つらいときや落ち込んだときに、自分を励ましてくれるような、心の支えになってくれるような存在がいてくれればよいのですが。

下村　それに代わるものとして、やはり私は本の役割は重要だと考えています。書物には、艱難辛苦《かんなんしんく》のなかで苦労した偉人などが描かれていたりします。現実社会ではそういう人と接点がもてないとしても、書物のなかでは出会えるはずです。もっと本を読む習慣を、子どもだけでなくて大人も含めて、できるだけつくっていくことが大事だと思います。子どもには子どもなりの偉人像があるでしょう。大人は大人なりに、ある道を究めた、あるいは人生を極めた誰かの生き方に書物のなかで出会うことができれば、それが人生の指針となるかもしれません。

小林　つらいとき、苦労しているとき、暗い気持ちで迷ったり、立ちすくんでしまうようなこともありますからね。状況は人それぞれでしょうが、おっしゃるとおり書物は大きな力になると思います。ひとつの本の一行に書いてあった文章から、自分の「我」に気づくこともあるはずです。「我」に気づけば、直面している厳しい状況を大きな目で捉えることができるようになり、「生きていること自体が幸せ」という気持ちに向かうことができるようになるのではないでしょうか。

下村　そうですね。非日常に置かれたときこそ、日常のありがたさをよりいっそう感じます。東日本大震災のときは、本当にそのことを強く感じましたね。普通に電気がついて、ガスがついて、水道の水が流れ出ること自体が、どれだけありがたいか。生活のすべてが、決して「当たり前」なのではないということを思い知りました。当時のことを考えれば、いまこのように普通に暮らせていることのありがたさをかみしめなければならない、そして逆にこういうときにこそ、いまをしっかりと生き切るという意識をもつことの大切さを感じます。

二〇二二年十二月二十九日　京都・松籟庵にて（写真：桐野伴秋）

おわりに

下村さんと、あるご縁からお会いしたのは、今から約二年前のことでした。その際に感じたのは、「政治家にしては、ずいぶんと変わった方だ」ということでした。誠実で嘘をつかない、いいえ、嘘などつけない、少年のような真っ正直な性格であること。そして何よりも、利他の心をもち、我が身を守ることよりはるかに優先して本気で日本の将来を案じ、「教育」というご自身の天命とともに国を背負って立つ気概をもっておられることに驚かされました。

下村さんの、現代の政治家としては不器用すぎるほどに不器用なその生き方や覚悟は、私の親世代の政治家に近いものがあります。以後、下村さんと私は、書画家と弟子という関係で交流をもつようになり、さまざまなことを語り合うなかで、お互いの目指す方向性が不思議なほどに似通っていることに気づいたのです。特に不思議だったのは、二人とも別々の人物から、現代版の「十七条の憲法」をいずれ書くようになるという啓示を受けていたことでした。このことが、本書が形となるきっかけとなりました。

下村さんと私は、途中で選ぶ道は違っていても、出発点と目指す方向は同じです。男性と女性、陰と陽というエネルギーの違いが対極図のように調和し、統合されて、本書によってひとつの形ができればと思っています。

私は書画家であると同時に、尼僧として仏教の教えを伝え、また日本人の精神の根幹である神道を生き方の指針としています。

しかし現在は、「宗教」に対する風当たりは非常に強いものとなっています。怪しいもの、お金を取るもの、依存させて人を不幸にするものであるとすらいわれることもあります。

しかし、本当にそうでしょうか。

宗教は、それほど危険なものでしょうか。

私は、宗教そのものは、人の幸せとは何かについて突き詰めて考えられた心の話であり、一種の哲学であり、そして真理のひとつであると考えています。

それが宗教「団体」として組織化されていくなかで、本来の純粋な形が変質していってしまうのではないでしょうか。

以前、拙著『水のように生きる』の冒頭で、「自分のつらさに悩む人が多い」と書きました。そのつらさはとりわけ家族関係に大きく出てくることを説き、そして「カルマ」の法則を示し、家族関係は大きなカルマを解消するためのものであるとも述べました。

カルマとは、生まれる前の前世で自分が積み残した「宿題」です。それを「愛」をもって解消したとき自分の天命を知り、自分自身の運命を創っているものがなんであるのかを知ることが可能となります。


天命を受け入れ、魂の成長の道に入ること。そのことを決意すること。

決意とは、勇気です。

勇気をもって、自分の道を選んでください。

つらいこと、しんどいこともあるでしょう。荒れた道のりかもしれません。それでも自分で決めた道を歩くのは、案外悪くないものです。

天命の道を歩くと、不思議と周りからのサポートが増えていきます。あなたの生き方は周囲に影響を与え、勇気を与え、周囲の人々もあなたに感化されて自分の道を歩き始めるでしょう。

あなたの人生を生き切った
その先に、あなた自身の本当の幸福があります。
それこそが、さまざまな宗教が伝えつづけている「幸福」です。同時にそれは、
宗教を超えたところにある普遍的な真理でもあります。
みんなで明るく、前向きに、自分の道を歩いていきましょう。

小林芙蓉

「陰と陽」

陰と陽、それぞれ二つの世界が一つの世界となり、バランスをとりながら調和していること。それが本当の「平和」です。本作は流水堂にて展示されています。（博文・芙蓉）

【著者略歴】

下村 博文（しもむら・はくぶん）

昭和29年、群馬県生まれ。早稲田大学教育学部卒業。平成元年、東京都議会議員に初当選。自民党都連青年部長、都議会厚生文教委員会委員長などを歴任し2期7年を務め、平成8年に第41回衆議院総選挙において東京11区より初当選（現在9期目）。

9歳のとき、父の突然の交通事故死により苦しい生活が始まる。高校・大学を奨学金のおかげで卒業できた。その間、多くの人々に助けられ「皆に恩返しを」という気持ちが高まる。また大学時代に交通遺児育英会の活動、早稲田大学雄弁会の幹事長などを経験し、日本をリードしていく情熱あふれる人々との出会いにより、自分の進むべき道は政治家であると確信する。以来、その使命感が原動力となり、行き詰まった政治システムを再興し、「教育改革を通しての日本の再構築」を実現することを目標とし、人の役に立つことが自分の人生の喜びであることを念頭に活動している。

自民党青年局長、法務大臣政務官、議院運営委員会理事議事進行係（第70代目）、自民党国対副委員長、内閣官房副長官を歴任。自由民主党シャドウ・キャビネット文部科学大臣、自民党教育再生実行本部長を経て、文部科学大臣、教育再生担当大臣、自由民主党総裁特別補佐兼特命担当副幹事長、自由民主党幹事長代行、自由民主党憲法改正推進本部長、自由民主党政務調査会長、自由民主党選挙対策委員長、自由民主党中央政治大学院長。

小林 芙蓉（こばやし・ふよう）

書画家。幼少時より書の基本を学ぶ。1976〜77年、オーストラリア国立大学で書と俳画を教えるかたわら、現地大使館主催で初の書画展を開催。現在は中国、韓国、イスラエル、ハワイ、イタリアなど、世界各地で象徴的な書画のデモンストレーションを行ない、ローマ法王にも書を献上。多くの国で「筆が織りなす日本の心」を広めている。国内では伊勢神宮や天河大辨財天社、高野山金剛峯寺などの全国の神社仏閣にて書を揮毫・奉納。長年にわたる国際親善活動が評価され、2015年、中国政府から国際優秀文化交流賞を受賞。同年、韓国政府からも日韓親善の感謝碑を授与される。また、2018年には中国・西安の大興善寺（中国密教の最高寺院）にて外国人女性初の書画展を開催した。揮毫の際は世界中の、のべ1250カ所以上の聖地の水で磨った墨を使い、人々の幸せを祈りながら天地人の気を集めて紙の上に降ろす。その書は水のエネルギーに満ちた癒しの書ともいわれ、国境や人種を超えて深い感動をもたらしている。

DVDに『嵐山書庵』（BSジャパン）、作品集に『水』（創元社）、『水』（書道芸術社）、著書に『水のように生きる』『水鏡』（あさ出版）がある。映画題字に「李藝」「祈り」「古都」「一陽来復 Life Goes On」など。京都・嵐山で元内閣総理大臣・近衛文麿公ゆかりの別荘を改築した豆腐懐石料理店「松籟庵」を経営。女将として料理を通じて国内外へ和の心を伝えている。またこれまでの書画が鑑賞できる大阪・能勢の古民家「流水堂」には、その人柄を慕い、作品に惹かれる人々が日々訪れている。

ブックデザイン　スパロウ
撮影〈本文書画・対談〉　桐野伴秋
編集協力　あさ出版パートナーズ
校正　和田夏生

書画《しょが》　教育十七条《きょういくじゅうしちじょう》の憲法《けんぽう》
「ただ生《い》きる」から「善《よ》く生《い》きる」へ　〈検印省略〉

2023年 11 月 4 日 第 1 刷発行

著　者――下村 博文（しもむら・はくぶん）・小林 芙蓉（こばやし・ふよう）
発行者――田賀井 弘毅

発行所――株式会社あさ出版
〒171-0022 東京都豊島区南池袋 2-9-9 第一池袋ホワイトビル 6F
電　話 03 (3983) 3225 (販売)
03 (3983) 3227 (編集)
F A X 03 (3983) 3226
U R L http://www.asa21.com/
E-mail info@asa21.com
印刷・製本 (株) 光邦

note http://note.com/asapublishing/
facebook http://www.facebook.com/asapublishing
twitter http://twitter.com/asapublishing

ISBN978-4-86667-645-6 C0030